Maya Leinenbach

Ach, das ist vegan?

Make it Maya:
50 Wege, deine Freunde und Familie mit veganem Essen zu überraschen

Maya Leinenbach

Verlag: T5 GmbH

In diesem Kochbuch begegnen dir immer wieder solche QR-Codes. Wenn du diese scannst, gelangst du zu exklusiven Videoanleitungen – diese können nur die Besitzer dieses Kochbuchs anschauen!

IMPRESSUM

Konzeption und Realisation: T5 GmbH

Bilder: Maya Leinenbach, Titel: Joerg Schieferecke Studio

Verlag: T5 GmbH, Albstraße 14, 70597 Stuttgart

ISBN 978-3-9823624-0-3

6. Auflage

Inhalt

Über Mich

Hallo, schön, dass du da bist!

Ich bin Maya. Ich bin Schülerin und komme aus dem kleinen, aber feinen Saarland. Höchstwahrscheinlich kennst du mich von meinem Instagram-Account „fitgreenmind“, den ich 2019 ins Leben gerufen habe. Lustigerweise war meine Intention damals schon, irgendwann ein Kochbuch zu veröffentlichen. Und jetzt – fast drei Jahre später – hab ich mir diesen Traum erfüllt!

Dementsprechend koche ich sehr viel, aber natürlich hab ich nicht mein ganzes Leben lang nur gekocht. Ich hab auch schon immer gerne Sport gemacht: anfangs Leichtathletik mit meinem Vater, dann gaaaanz lange Fußball und mittlerweile mache ich gerne Fitnesstraining. Meine große Leidenschaft ist aber immer das Kochen geblieben.

Wie ich zum Kochen kam

Ich werde sehr oft gefragt, wie ich zum Kochen gekommen bin und wo ich es gelernt habe. Und eigentlich gibt es da nicht „das eine Kochbuch“ oder „das eine Ereignis“. Bei uns zu Hause wurde schon immer viel selbst und frisch gekocht. Und meine Eltern waren immer schon sehr experimentierfreudig: Es gab selten die typisch deutsche Hausmannskost, sondern eine bunte Mischung und oft Gerichte aus der ganzen Welt. Sei es das asiatische Stir-Fry meines Vaters, ein Shakshuka, das meine Schwester aus Tel Aviv mitbrachte, oder die berühmte Lasagne meiner Mutter.

Und ich? Schon als kleines Kind wollte ich unbedingt meiner Mutter in der Küche zuschauen und helfen, sodass ich das Kochen mit der Zeit einfach so aufgeschnappt habe und seit jeher gerne in der Küche kreativ werde. Die verschiedensten Einflüsse fließen in meine Küche ein und durch die vielen Gerichte aus allerlei Kulturen ist jedes Abendessen wie ein kleiner Urlaub in einem anderen Land.

Schau auch gerne auf meinen Social-Media-Kanälen vorbei!

SCHULZ
EEP IT CLEAN - KEEP IT GREEN

KEEP IT CLEAN - KEEP IT GREEN

Meine Küche – ganz nach meinem Geschmack

Wir haben zu Hause schon immer so gekocht, dass wir mehr als nur eine einzige Sache zum Abendessen haben: Wir zaubern immer gerne kleine Menüs.

Was mich bei anderen Kochbüchern oft gestört hat, war, dass man dort Gerichte ohne die passenden Beilagen findet. Deshalb wollte ich mein Kochbuch unbedingt so gestalten, dass es bei den Hauptgerichten immer eine passende Beilage gibt, sodass man ganz einfach leckere, gesunde und vegane Mahlzeiten kochen kann.

Mir ist es dabei sehr wichtig, dass die verwendeten Zutaten die richtige Qualität haben. Wichtig ist aber auch, dass sie quasi überall erhältlich sind, da ich selbst auf dem Dorf wohne und das Problem mit zu „exotischen" Zutaten nur zu gut kenne. Als ich vegan wurde, habe ich viele neue Rezepte ausprobiert. Allerdings fiel es mir schwer, an alle Zutaten ranzukommen. Also habe ich angefangen, vegane Rezepte zu entwickeln, die man mit Zutaten macht, die man entweder schon zu Hause hat oder überall findet.

Und: Die Gerichte sollen jedem schmecken – egal ob veganer Lebensstil oder nicht!

Schon immer vegan?!

Eine weitere Frage, die mir sehr häufig gestellt wird, ist, ob ich denn vegan aufgewachsen bin.

Zwar bin ich tatsächlich in einer „Öko-Familie" aufgewachsen – Vollkornbrot mit Bio-Schokocreme ist der Geschmack meiner Kindheit –, allerdings nicht mit veganer oder vegetarischer Ernährung. Als meine Schwester dann 2013 Vegetarierin wurde, konnte ich das überhaupt nicht verstehen und hab immer gemeint: „Auf mein Schnitzel oder meine Frikadellen könnte ich NIE verzichten!"

Die Zeit hat mich eines Besseren belehrt. Anfang 2019 hab ich mich dann doch entschlossen, auf „mein Schnitzel und meine Frikadellen" und auch auf alle anderen tierischen Produkte zu verzichten. Meine Beweggründe: hauptsächlich das Tierleid und die Umwelt.

Mein Ziel: Menschen erreichen und inspirieren

Ich bin auf gar keinen Fall jemand, der alle missionieren möchte oder der Meinung ist, jeder Mensch auf der Welt müsse vegan werden. Auch wenn ich das natürlich trotzdem cool fände. Ich will einfach nur zeigen, dass veganes Essen einfach, gesund und trotzdem lecker sein kann und dabei auch noch die Menschen zusammenbringt.

Mit diesem Buch möchte ich genau das tun: die Menschen zusammenbringen. Und dir zeigen, was ich über die Jahre gelernt habe, was meine absoluten Lieblingsgerichte sind und welche Möglichkeiten es bei veganen Gerichten gibt. Über die Jahre habe ich immer wieder neue Sachen entdeckt und ausprobiert. Seien es Abwandlungen anderer Rezepte oder komplette Eigenkreationen, lokal oder aus der Küche anderer Länder – Hauptsache immer einfach, gesund und lecker!

Meine Küchen-Must-Haves

Mein Must-Have-Equipment:

Es gibt ein paar Dinge, die dürfen in meiner Küche einfach nie fehlen.

Das sind Utensilien, die mir das Arbeiten ungemein erleichtern, wie zum Beispiel einige Küchengeräte. Manche nutze ich tagtäglich, andere wiederum nur zu bestimmten Anlässen – dann sind sie allerdings unverzichtbar!

Hier möchte ich dir einen Einblick in meine absoluten Must-Haves geben:

Multizerkleinerer

Mein wahrscheinlich am meisten benutztes Küchengerät. Der ist super für Dips, Nussmus, Burger-Patties, Falafel, Bananeneis oder, oder, oder. Eben für alles, was klein werden muss.

Mein Geheimtipp: Er ist auch toll, wenn man mal zu faul zum Gemüseschnippeln ist.

Auflauf- und Backformen

Es ist immer gut, ein paar verschieden große Auflauf- und Backformen dazuhaben. Manche Rezepte benötigen z. B. eine kleine runde Form, während der Nudelauflauf in eine große eckige kommt. Also am besten eine große und eine kleine Form zu Hause haben und, wenn man häufig kocht, noch ein paar weitere eckige und runde Formen.

Schneidebretter und Messer

Ich persönlich finde es supernervig, wenn beim Kochen die ganze Zeit das Schneidebrett rumrutscht oder meine Messer stumpf sind. Deswegen habe ich zwei stabile Holzschneidebretter und eine kleine Auswahl an scharfen Messern. Da würde ich empfehlen: ein kleines Messer, ein großes Messer und eines mit gezackter Klinge.

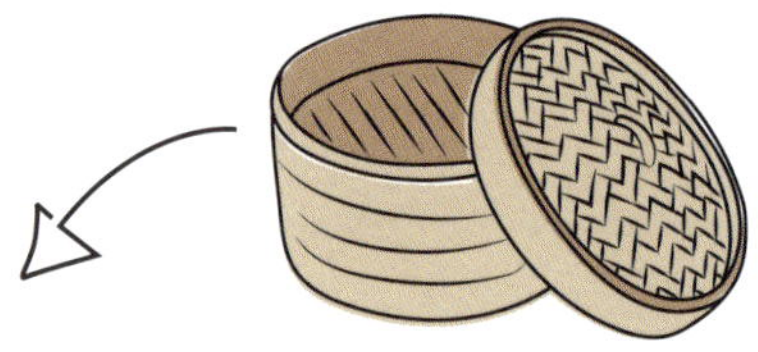

Bambusdämpfer

Hört sich zuerst vielleicht etwas fancy an, aber ich nutze meinen Bambusdämpfer mittlerweile sehr oft. Man kann damit nicht nur Gemüse schnell und einfach dämpfen, er ist auch super für fluffige Teigtaschen (z. B. meine Bao Buns) oder sogar Reis.

Standmixer

Auch ihn brauche ich oft, um Dinge fein zu kriegen. Er ist allerdings eher für flüssigere Sachen wie Saucen oder Suppen geeignet.

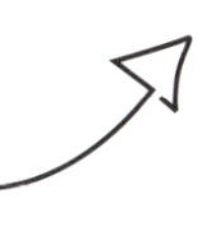

Gute Pfannen

Ich habe gerne eine Auswahl an Pfannen verschiedener Größen und Tiefen zur Hand. Generell würde ich aber auf jeden Fall eine große Pfanne mit hohen Rändern empfehlen – da kann man dann auch super Saucen drin zubereiten.

Meine Must-Have-Zutaten:

Es gibt aber auch eine Handvoll Zutaten, die dir in meinem Kochbuch immer wieder begegnen werden. Und generell lassen sich viele Rezepte eigentlich superleicht veganisieren. Bei Kuchenteigen kann man die Milch immer 1:1 durch Pflanzendrinks ersetzen, ein Ei kann man je nach Verwendungszweck durch Apfelmus, Banane, Nussmus, Stärke oder Backpulver ersetzen. Auch sahnige Saucen können leicht vegan zubereitet werden: entweder mit veganer „Sahne“ (z. B. Soja- oder Hafer-Cuisine) oder mit einem Mix aus einem Pflanzendrink und Speisestärke. Fleisch ist auch nicht schwer zu ersetzen – im Prinzip mögen wir ja meistens das herzhafte Aroma und die leckeren Gewürze, die verwendet werden. Deshalb ist es besonders wichtig, wie man Tofu, Seitan, Sojaschnetzel etc. würzt und zubereitet, damit keiner was vermisst ;-).

Die Basics:

Obst und Gemüse

Natürlich dienen oft Obst und Gemüse als Grundlage für meine Rezepte. Es empfiehlt sich deswegen, immer eine gute Auswahl davon zu Hause zu haben – gerne auch tiefgefroren oder als Konserve. Mein absolutes Lieblingsgemüse: Brokkoli! Ich denke, jeder hat so sein eigenes Lieblingsgemüse. Der Schlüssel zum guten Geschmack sind eigentlich die Gewürze. So kann z. B. sogar ein Staudensellerie nach Mexiko schmecken ;-).

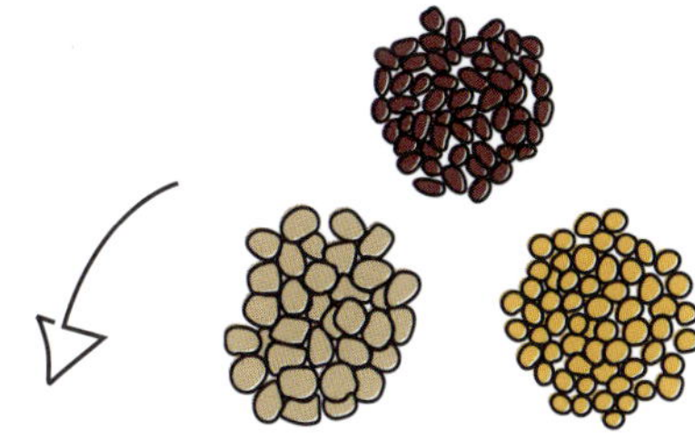

Bohnen und Linsen

Meine Lieblingshülsenfrüchte sind Kichererbsen. Damit kann man nicht nur leckere Falafeln und Hummus machen, sie schmecken auch geröstet super und aus dem Mehl lässt sich sogar ein veganes „Omelett“ zaubern. Dickere Bohnen wie Kidneybohnen oder weiße Bohnen nutze ich gerne für Patties. Linsen kann man auch als Hackfleisch-Ersatz in Saucen wie z. B. einer Bolognese verwenden.

Auf die Würze kommt es an:

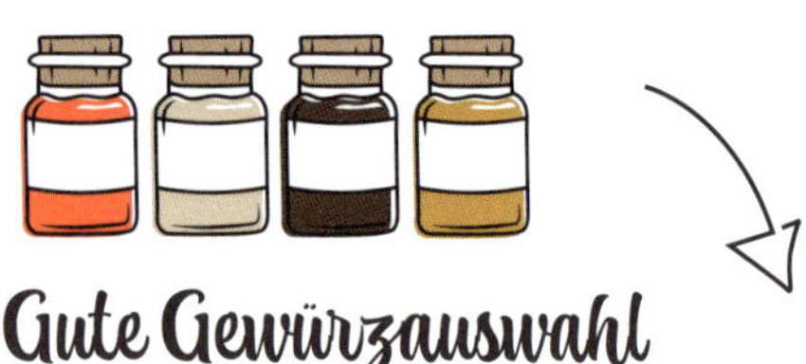

Gute Gewürzauswahl

Gewürze sind das A und O für leckere Gerichte. Neben den Klassikern Salz und Pfeffer sind hier noch ein paar meiner Lieblinge: Räucherpaprika, Knoblauchpulver, Kumin, Curry und getrocknete Kräuter wie Oregano, Basilikum, Thymian und Rosmarin.

Agavendicksaft

Damit ersetze ich Zucker in manchen Rezepten, in denen man eher einen Sirup für die richtige Konsistenz benötigt. Optional kann man auch Ahornsirup verwenden – der ist etwas teurer, hat aber ein sehr feines Aroma.

Sojasauce

Sojasauce kommt bei mir sehr oft zum Einsatz. Sie schmeckt umami, was auch als herzhaft-fleischig beschrieben wird. Deswegen verwende ich sie auch gerne zum Würzen von beispielsweise Tofu.

Eine feine Ölauswahl

Ein gutes Öl kann dein Gericht geschmacklich extrem aufwerten. Meine persönlichen Favoriten: ein gutes Olivenöl, Sesamöl und Erdnussöl, wobei die beiden letzteren sich besonders in der asiatischen Küche großer Beliebtheit erfreuen.

Es geht auch pflanzlich:

Sojaschnetzel

Meiner Meinung nach eines der besten Fleischersatzprodukte. Die feinen Schnetzel eignen sich super als veganes „Hack“, während die groben Schnetzel bei mir als Hühnchen-Ersatz eingesetzt werden.

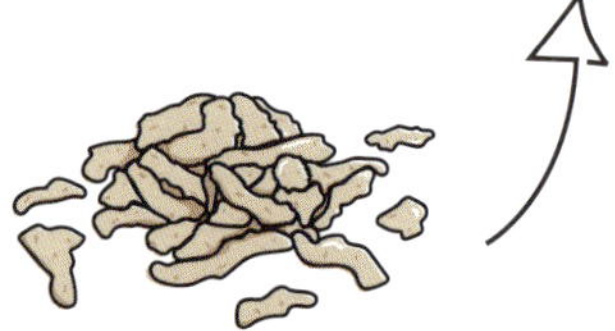

(Räucher-) Tofu

Okay, jetzt kommt der Vollblut-Veganer in mir raus ;-). Aber Tofu kann – richtig zubereitet – wirklich gut schmecken. Mein Favorit ist Räuchertofu.

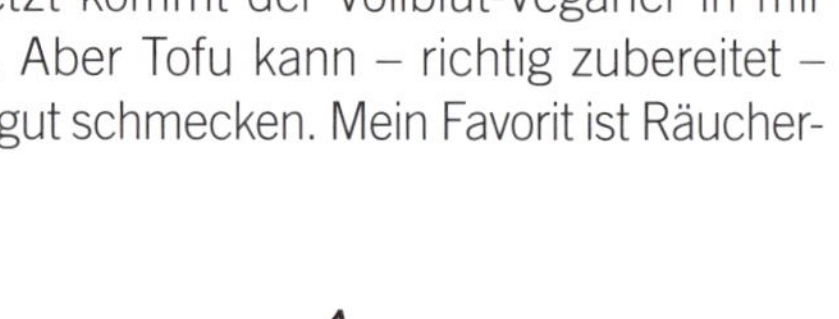

Hefeflocken

In Deutschland auch als „Bierhefe“ bekannt. Sie haben einen leicht käsigen Geschmack und können auf Pasta als Parmesan-Ersatz dienen. Sie passen aber auch super zu Saucen, denen man noch einen kräftigeren Geschmack verpassen möchte.

Pflanzendrink

Es gibt eine riesige Auswahl an Pflanzendrinks. Sei es Mandel-, Kokos-, Soja- oder Cashewdrink oder viele mehr. Ich nutze für süße Rezepte, also z. B. zum Backen, am liebsten Haferdrink, da er von Natur aus leicht süßlich ist. Bei herzhaften Rezepten greife ich eher zum Sojadrink, da dieser sehr neutral schmeckt. Ich empfehle aber, verschiedene zu probieren und die eigenen Favoriten zu finden!

Aquafaba

Aquafaba ist allgemein das Wasser, in dem Bohnen/Kichererbsen aus der Dose „schwimmen". Man kann es mit ein paar Tricks super aufschlagen, ähnlich wie Eiweiß. Dann macht es beispielsweise Teige fluffiger. Man kann es aber auch als Mousse verarbeiten. Unaufgeschlagen klebt es leicht, auch so ähnlich wie Eiweiß. Ein echter Geheimtipp!

Speisestärke

Speisestärke nimmt bei mir in der Küche eine vielfältige Rolle ein. Im Kuchenteig dient sie teilweise als Ei-Ersatz, Saucen macht sie schön cremig und ersetzt somit Sahne und sie hilft auch beim Binden von z. B. Burger-Patties. Ein echter Allrounder!

Manchmal muss es doch die Kopie sein:

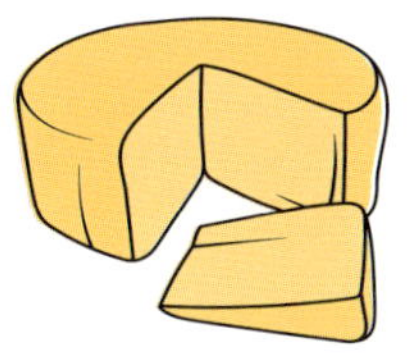

Veganer „Käse"

Auch hier gibt es viele Varianten. Ich glaube, dass sich da teilweise jeder ein bisschen selbst durchprobieren muss. Einen Tipp kann ich dir aber geben: Wenn du willst, dass er auf einem Auflauf/einer Pizza besser schmilzt, besprühe ihn vor dem Backen mit ein wenig Öl.

Veganer „Schmand"/„Frischkäse"

Diese Alternativen schmecken meist fast genauso wie das nicht vegane Produkt. Falls du beides aber nicht in deinem Supermarkt finden kannst, kannst du auch ganz einfach selbst eine Frischkäse-Alternative herstellen: ein Sieb über einer Schüssel platzieren, ein Handtuch hineinlegen, veganen „Joghurt" (komplett ungesüßt) und optional Gewürze deiner Wahl dazugeben und für 4–5 Std. in den Kühlschrank stellen. Das Wasser wird runtertropfen und übrig bleibt ein cremiger Aufstrich.

Veganer „Joghurt"

Ich verwende am liebsten Soja-„Joghurt". Aber Achtung: Nicht jeder schmeckt gleich. Ich persönlich finde den von Bio-Marken am besten. Achte außerdem darauf, dass auf der Zutatenliste KEIN ZUCKER aufgelistet ist, wenn du ihn für herzhafte Sachen wie Zaziki benutzt, denn sonst kommt ein komisch süßlicher Geschmack raus.

Ⓟ High Protein Ⓖ Glutenfrei

Kleine Snacks

Veganes „Omelett“

„Omelett“:

60 g Kichererbsenmehl
eine Prise Salz und Pfeffer
1/2 TL Backpulver
160 ml Wasser
1/2 TL getr. Oregano
1/2 kleine Zucchini
1 Frühlingszwiebel
1 TL Öl

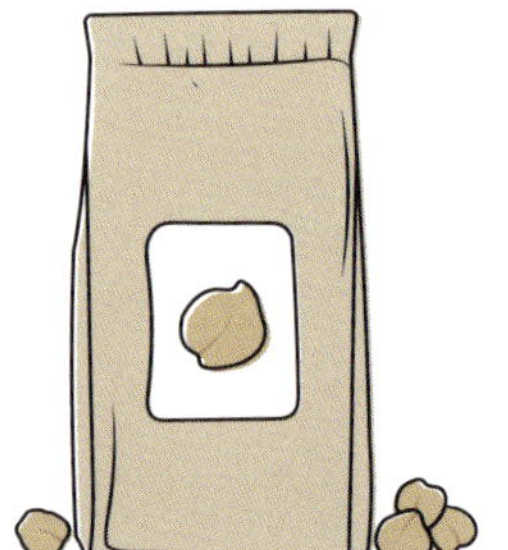

Zubereitung:

1. Verrühre das Kichererbsenmehl mit dem Wasser, dem Backpulver und den Gewürzen mithilfe eines Schneebesens, bis keine Klümpchen mehr da sind. Stell den Teig beiseite und schneide die Frühlingszwiebel und die Zucchini in feine Stücke. Heb diese dann unter den Teig.

2. Erhitz das Öl in einer Pfanne und gib die Hälfte des Teiges dazu. Brate das „Omelett“ für 4–5 Min. bei mittlerer Hitze, bis sich oben Blasen bilden. Wende das „Omelett“ und brate es für weitere 2–3 Min. Wiederhole das mit dem restlichen Teig.

ENERGIE	PROTEINE	KOHLENHYDRATE	FETT
140 kcal	7 g	15 g	4 g

2 Portionen	15 min	Einfach	Glutenfrei

„Ricotta"-Zucchini-Röllchen

„Ricotta":

200 g Naturtofu
3–4 EL Hefeflocken
Saft einer halben Zitrone
2 EL Olivenöl
6 EL Wasser
1 TL Salz
1 TL getr. Oregano
1 TL Knoblauchpulver
eine Prise Pfeffer

Sonstiges:

2 kleine Zucchini
250 g Tomatensauce
1/2 TL Salz
eine Prise Pfeffer
1 TL getr. Oregano
20 g Semmelbrösel

Zubereitung:

1. Schneide mit einem Sparschäler die Zucchini in lange Streifen, leg sie auf ein Küchentuch und tupf sie leicht ab. Gib für den „Ricotta" den Tofu, die Hefeflocken, den Zitronensaft, das Öl, das Wasser und die Gewürze in eine kleine Küchenmaschine und vermische alles zu einem cremigen Aufstrich.

2. Heiz den Ofen auf 180 Grad Ober-/Unterhitze vor. Bestreich die Zucchinistreifen mit dem „Ricotta" und rolle sie zu Röllchen auf. Vermische nun die Tomatensauce, das Salz, den Pfeffer und den Oregano miteinander und verteil die Sauce in einer Auflaufform.

3. Platziere die Röllchen gleichmäßig in der Form, verteil die Semmelbrösel darauf und backe sie für 15–20 Min. goldbraun.

Tipp: Du kannst deine Semmelbrösel auch ganz einfach selbst machen, indem du trockenes Brot in einer kleinen Küchenmaschine zerkleinerst. So machen wir das immer und ich finde, sie schmecken besser als gekaufte Semmelbrösel.

ENERGIE	PROTEINE	KOHLENHYDRATE	FETT
305 kcal	21 g	13 g	18 g

2 Portionen	35 min	Einfach	High Protein

BALSAMICO-GEMÜSE

Gemüse:

1 EL Öl zum Anbraten
2 rote Zwiebeln
2 Knoblauchzehen
2 kleine Zucchini
2 Paprika
1 TL getr. Thymian
1/2 TL getr. Basilikum
4 EL Balsamico-Essig
2 EL Agavendicksaft
Salz und Pfeffer nach Geschmack

Zubereitung:

1. Schneide zuerst das ganze Gemüse klein und erhitze das Öl in einer Pfanne. Nun kann erst die Zwiebel glasig angebraten werden, bevor du das restliche Gemüse und den Knoblauch hinzufügst.

2. Brate alles scharf für 5–7 Min. an und lösch es mit dem Balsamico und dem Agavendicksaft ab. Gib die Gewürze hinzu und brate das Gemüse auf mittlerer Stufe für weitere 5–7 Min. an, bis es einen angenehmen Biss hat.

Tipp: Man kann das Balsamico-Gemüse super zu Nudeln mit Tomatensauce servieren! Es schmeckt aber auch einfach mit Brot sehr gut.

ENERGIE	PROTEINE	KOHLENHYDRATE	FETT
170 kcal	3 g	20 g	7 g

2 Portionen	15 min	Einfach	Glutenfrei

Gefüllte Pilze

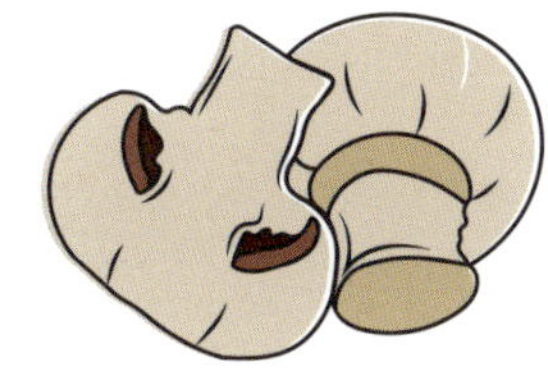

Füllung:

1 EL Olivenöl
1 Zwiebel
2 Knoblauchzehen
220 g braune Linsen aus der Dose
3 EL Hefeflocken
2 TL getr. Thymian
Salz und Pfeffer nach Geschmack
Stiele der Champignons
2 TL Weißweinessig

Sonstiges:

500 g Champignons
50 g veg. „Käse“

Zubereitung:

1. Heiz den Ofen auf 180 Grad Umluft vor. Entferne die Stiele der Pilze komplett und schneide die Stiele sowie die Zwiebel und den Knoblauch klein. Erhitze das Öl in einer Pfanne und brate das geschnittene Gemüse für 5–7 Min. an.

2. Gib die Hefeflocken, den Weißweinessig, die Gewürze und die Linsen hinzu und lass alles kurz erhitzen. Zerdrück die Linsen leicht mit einem Kochlöffel und schmeck die Füllung noch mal ab.

3. Befülle nun die Pilze mit ca. 1–2 EL der Füllung. Verteil darauf noch etwas veganen „Käse“ und back die Pilze für 15–20 Min. Wenn der „Käse“ geschmolzen ist, sind sie fertig.

ENERGIE	PROTEINE	KOHLENHYDRATE	FETT
240 kcal	15 g	20 g	8 g

3 Portionen	30 min	Einfach	High Protein	Glutenfrei

Caesar Salad

Glutenfreie Zubereitung möglich!

Dressing:

200 g Seidentofu
1 TL Salz
1 EL Öl
4–5 EL Wasser
1 TL Knoblauchpulver
2 EL Hefeflocken
eine Prise Pfeffer
2 EL Zitronensaft
2 TL Senf
1 TL Agavendicksaft

Knuspriger Tofu:

200 g Tofu
2 EL Sojasauce
2 EL (Kichererbsen-)Mehl
2 EL Wasser
1 TL Paprikapulver
1 TL getr. Kräuter
40 g Semmelbrösel (ggf. glutenfrei)

Croûtons:

100 g Brot oder Baguette (ggf. glutenfrei)
1 EL Öl
eine Prise Salz

Sonstiges:

1 Kopf Romana-Salat

Zubereitung:

1. Heiz den Ofen auf 180 Grad Umluft vor und schneide den Tofu längs in drei Filets. Leg sie auf ein Küchentuch und presse sie leicht aus. Bereite nun in einer Schüssel die Sojasauce vor, vermische in einer anderen das Mehl, das Wasser, das Paprikapulver und die Kräuter miteinander und verteil die Semmelbrösel auf einem Teller.

2. Leg die Filets für 2–3 Min. in die Sojasauce, dippe sie dann in den Teig und wälze sie anschließend in den Semmelbröseln. Leg sie auf ein Backblech und back sie 20–25 Min. Jetzt kannst du das Brot in Würfel schneiden, mit dem Salz und dem Öl vermischen und danach ebenfalls für ca. 15 Min. knusprig backen.

3. Gib den Seidentofu und die restlichen Zutaten für das Dressing in einen Mixer und mixe so lange, bis es cremig ist. Danach kannst du den Salat putzen und schneiden. Vermische den Salat mit ausreichend Dressing und serviere ihn mit den Croûtons und dem knusprigen Tofu.

Tipp: Das Dressing hält sich bis zu 3 Tage im Kühlschrank, schüttel es vor Gebrauch nur einmal gut, da sich das Wasser unten absetzen kann.

ENERGIE	PROTEINE	KOHLENHYDRATE	FETT
324 kcal	21 g	32 g	11 g

3 Portionen	35 min	Einfach	High Protein

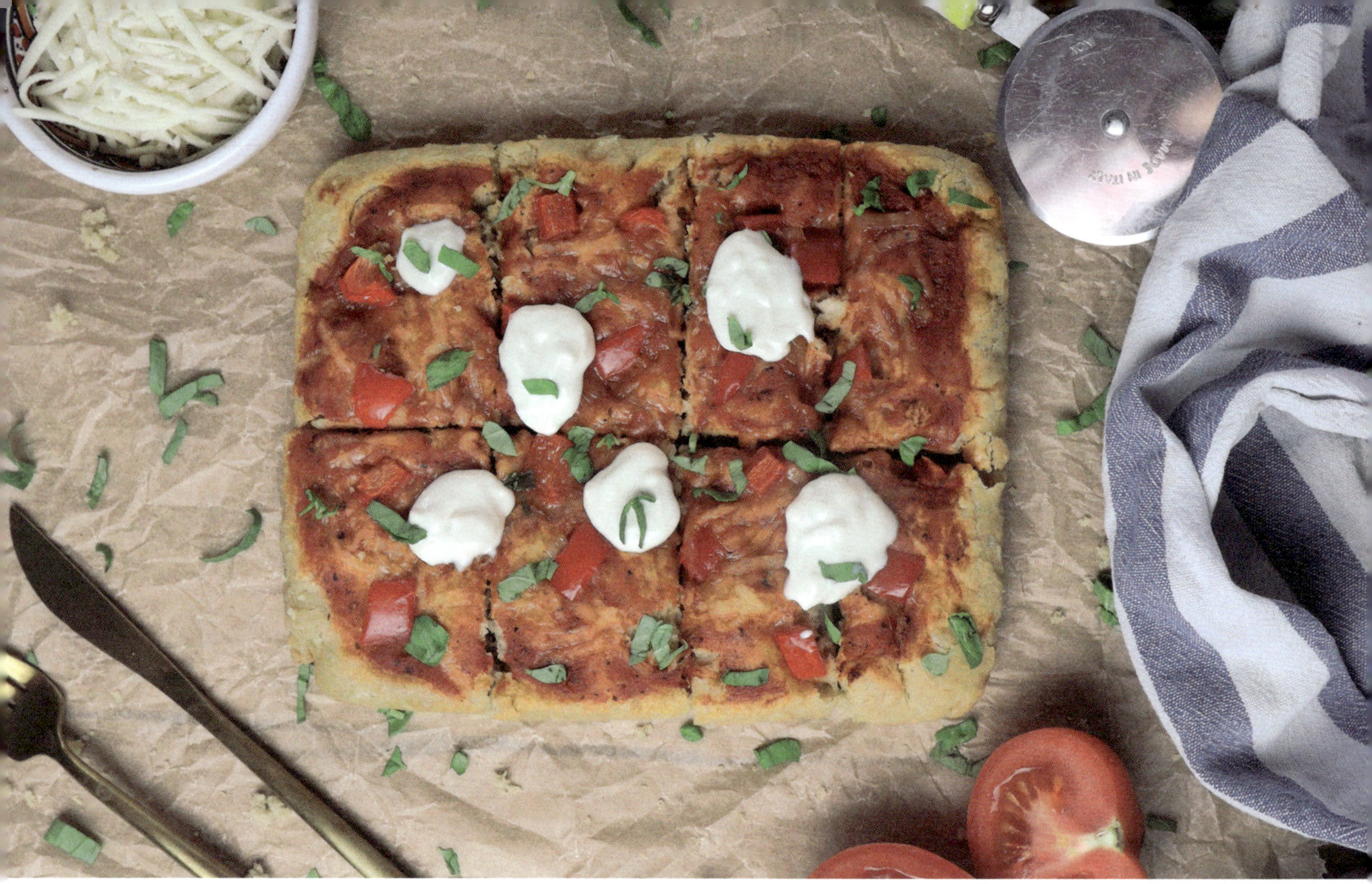

FOCCAPIZZA zum Teilen

Teig:

400 g Mehl
1 EL Salz
1 EL Zucker
10 g Trockenhefe
4 EL Olivenöl
320 ml lauwarmes Wasser

Belag:

150 g Tomatensauce
1 TL getr. italienische Kräuter
Salz und Pfeffer nach Geschmack
1/2 TL Knoblauchpulver
100 g Cherry-Tomaten
75 g veg. „Käse“

Sonstiges:

Öl für die Backform

Zubereitung:

1. Vermische als Erstes das Mehl, die Trockenhefe, den Zucker und das Salz in einer Schüssel. Gib dann das lauwarme Wasser und das Olivenöl hinzu und vermische die Zutaten zu einem elastischen Teig. Deck ihn ab und lass ihn 2 Std. gehen.

2. Fette nach den 2 Std. eine 25x10 cm große Backform gut ein, verteil den Teig darin und lass ihn für weitere 45 Min. gehen. Jetzt kannst du den Backofen auf 190 Grad Ober-/Unterhitze vorheizen und die Tomatensauce mit den Gewürzen vermischen.

3. Verteil die Sauce auf dem Teig, streue etwas veganen „Käse“ und halbierte Cherry-Tomaten darauf und back die Foccapizza für 25–30 Min.

ENERGIE	PROTEINE	KOHLENHYDRATE	FETT
163 kcal	4 g	22 g	5 g

12 Portionen	3 h 30 min	Einfach

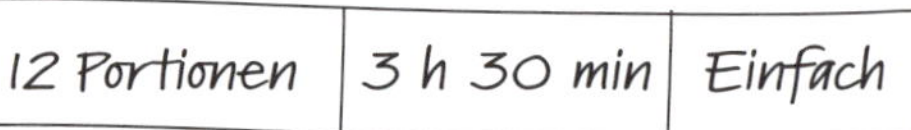

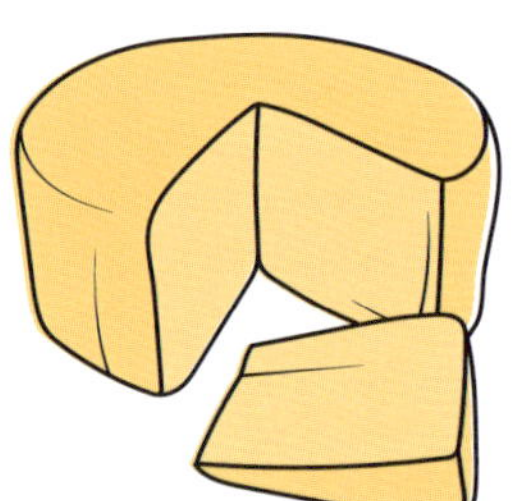

GERÖSTETER ROSENKOHL

Rosenkohl:

2 EL Olivenöl
ein daumengroßes Stück Ingwer
2 Knoblauchzehen
1 Chili
Salz nach Geschmack
450 g Rosenkohl (frisch oder TK)
2 EL Agavendicksaft

Zubereitung:

1. Bring zuerst einen Topf mit Salzwasser zum Kochen, während du den Rosenkohl wäschst und die kleinen Strünke abschneidest. Koch den Rosenkohl für ca. 5 Min. und lass ihn dann abtropfen. (Diesen Schritt kannst du bei TK-Rosenkohl überspringen.)

2. Heiz den Ofen auf 200 Grad Umluft vor und schneide den Knoblauch, den Ingwer und die Chili klein. Erhitze dann das Öl in einer Pfanne und brate die geschnittenen Zutaten für 3–5 Min. an. Nun kannst du den gekochten Rosenkohl hinzugeben und 5–7 Min. mitbraten.

3. Gib alles auf ein Backblech und schiebe es für 15 Min. in den Ofen. Nach 15 Min. drückst du den Rosenkohl mit einem Löffel oder der Unterseite eines Glases platt und verteilst etwas Agavendicksaft darauf. Backe ihn für weitere 10–15 Min.

Tipp: Ich serviere den Rosenkohl gerne mit etwas frischer Limette.

ENERGIE	PROTEINE	KOHLENHYDRATE	FETT
291 kcal	6 g	17 g	21 g

2 Portionen	40 min	Einfach	Glutenfrei

Vegane „FISCHSTÄBCHEN"

Teig:

220 g Kichererbsen aus der Dose
90 g Seitan-Fix
1 TL Salz
1 TL Knoblauchpulver
2 EL zerkrümelte Nori-Blätter
eine Prise Pfeffer
125 ml Gemüsebrühe

Panade:

4 EL Speisestärke
60 ml Pflanzendrink
100 g Semmelbrösel

Sonstiges:

1 EL Öl zum Anbraten

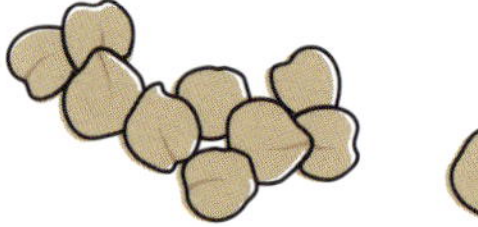

Zubereitung:

1. Gib die Kichererbsen, das Seitan-Fix, die Gemüsebrühe und die Gewürze in einen Mixer und verarbeite alles gut miteinander zu einem Teig. In der Zwischenzeit kannst du den Ofen schon einmal auf 180 Grad Umluft vorheizen.

2. Forme nun aus dem Teig 12 „Fischstäbchen" (etwa 1 EL Teig pro Stäbchen) und leg sie auf ein Backblech. Jetzt kommen sie für 25 Min. in den Ofen.

Tipp: Dreh die „Fischstäbchen" nach der Hälfte der Zeit um!

3. Bereite als Nächstes die Panierstation vor, indem du die Stärke, den Pflanzendrink und die Semmelbrösel in je eine flache Schüssel gibst. Wenn die Stäbchen fertig gebacken sind, wälze sie erst in der Stärke, dann im Pflanzendrink und zum Schluss in den Semmelbröseln.

4. Erhitze jetzt das Öl in einer Pfanne und brate die Stäbchen von beiden Seiten goldbraun und knusprig an.

ENERGIE	PROTEINE	KOHLENHYDRATE	FETT
317 kcal	22 g	37 g	6 g

4 Portionen	40 min	Mittel	High Protein

Brezel-Tofu-Bites

Marinade:

80 ml Wasser
50 g Mehl
1 TL Salz
1 TL Senf
1 TL Agavendicksaft
1/2 TL Knoblauchpulver
1/2 TL Paprikapulver
1/2 TL Chiliflocken

Panade:

100 g Salzbrezeln

Sonstiges:

1 Block (200 g) Naturtofu

Zubereitung:

1. Den Ofen auf 180 Grad Ober-/Unterhitze vorheizen. Gib den Tofu in ein Küchentuch und press ihn vorsichtig aus, sodass er nicht zerbricht. Schneide den Tofu dann in 9 Rechtecke und vermische das Wasser, das Mehl, den Senf, den Agavendicksaft und die Gewürze für die Marinade.

2. Jetzt kannst du die Salzbrezeln entweder mit einem Standmixer, einer kleinen Küchenmaschine oder einem Nudelholz zerkleinern und auf einen Teller geben. Bereite ein Backblech mit Backpapier vor. Wälze nun den Tofu zuerst in der Marinade und dann in den zerkleinerten Salzbrezeln, bevor du ihn auf das Backblech legst.

3. Back die Bites jetzt für 20 Min. und dreh sie nach 10 Min. einmal um. Fertig!

Tipp: Ich dippe sie am liebsten in Ketchup!

ENERGIE	PROTEINE	KOHLENHYDRATE	FETT
265 kcal	14 g	36 g	7 g

3 Portionen	30 min	Einfach	High Protein

Hummus und Tahini

Hummus:

220 g Kichererbsen aus der Dose
5 EL Kichererbsenwasser aus der Dose
3 EL Tahini
Saft einer Zitrone
2 Knoblauchzehen
1 TL Kumin
Salz und Pfeffer nach Geschmack

Tahini:

80 g Tahini
Saft einer halben Zitrone
50 ml Wasser
1/2 TL Kumin
1 TL frische Petersilie
Salz und Pfeffer nach Geschmack
1/2 TL Knoblauchpulver

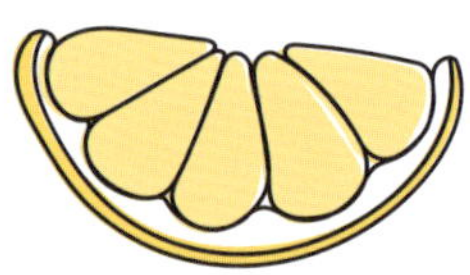

Zubereitung:

Tipp: Tahini ist Sesammus. Das beste gibts im türkischen Supermarkt. In unserem Fall ist es die Grundlage für eine leckere gewürzte Version.

1. Wir beginnen mit dem Hummus: Nach dem Öffnen der Kichererbsendose entnimmst du 5 EL vom Kichererbsenwasser, in dem die Kichererbsen schwimmen. Gieß danach die Kichererbsen ab und gib sie zusammen mit den anderen Zutaten in einen Mixer. Mixe alles zu einem cremigen Dip. Falls es dir nicht cremig genug ist, kannst du noch etwas Wasser hinzugeben.

2. Gib für unser Tahini das ungewürzte Tahini aus dem Laden, das Wasser, die Gewürze und den Zitronensaft in eine Schüssel und verrühre alles, bis es cremig ist.

Sowohl das Tahini als auch der Hummus halten sich luftdicht verschlossen ca. 5 Tage im Kühlschrank.

	ENERGIE	PROTEINE	KOHLENHYDRATE	FETT
Hummus:	162 kcal	6 g	12 g	6 g
Tahini:	121 kcal	3 g	3 g	11g

4 Portionen	je 5 min	Einfach	Glutenfrei

Geröstete Tomatensuppe

Suppe:

1 kg große Tomaten
(z. B. Roma-Tomaten)
1 EL Olivenöl
2 Zwiebeln
3 Knoblauchzehen
je 1 TL getr. Oregano,
Basilikum und Thymian
Salz und Pfeffer nach Geschmack
125 ml Gemüsebrühe
4 EL Tomatenmark
3 EL Balsamico-Essig

Zum Servieren:

frisches Brot (ggf. glutenfrei)
frischer Basilikum
etwas pflanzliche „Sahne“

Zubereitung:

1. Heiz zuerst den Ofen auf 200 Grad Ober-/Unterhitze vor. Wasche und halbiere die Tomaten, schäle und halbiere die Zwiebeln und schäle den Knoblauch. Leg alles auf ein Backblech und gib das Öl darüber. Jetzt wird alles für 20–25 Min. im Ofen geröstet.

2. Wenn sie fertig sind, gibst du alle gerösteten Zutaten in einen Mixer. Füge die Gemüsebrühe, das Tomatenmark, den Balsamico-Essig und die Gewürze hinzu und mixe die Suppe cremig.

Tipp: Das funktioniert auch super mit dem Stabmixer!

Erhitze die Suppe zum Schluss noch einmal für 5–7 Min. Serviere sie nun mit etwas pflanzlicher „Sahne“ und frischem Basilikum und reiche frisches Brot dazu.

ENERGIE	PROTEINE	KOHLENHYDRATE	FETT
133 kcal	3 g	11 g	7 g

4 Portionen	35 min	Einfach	Glutenfrei

(P) High Protein (GF) Glutenfrei

Haupt gerichte

„Wie fast alle kleinen Kinder hab ich früher auch nicht gerne Gemüse gegessen. So lange, bis meine Mutter ein Kinderbuch mit Bert, dem Gemüsekobold, gekauft hat. Bert war ein Brokkoli, der Kindern zeigte, wie lecker und wichtig Gemüse und Obst für uns sind.

Seitdem ist Brokkoli mein absolutes Lieblingsgemüse. Und in besagtem Kinderbuch gab es auch einen Brokkoli-Nudel-Auflauf, von dem ich wollte, dass meine Mutter ihn nachmacht. Als kleines Kind fand ich ihn super und bis heute liebe ich diesen Auflauf.“

BROKKOLI-NUDEL-AUFLAUF mit Tofu-„Bacon“

Sauce:

625 ml Pflanzendrink
2 EL Speisestärke
1/2 TL Muskat
1 TL Zitronensaft
1 TL Knoblauchpulver
3 EL Hefeflocken (optional)
Salz und Pfeffer nach Geschmack
1 Kopf Brokkoli

Tofu-„Bacon“:

200 g Räuchertofu
1 EL Öl
1 EL Sojasauce

Sonstiges:

400 g Nudeln
75 g veg. „Käse“
(zum Überbacken)

Zubereitung:

1. Koch zuerst die Nudeln in Salzwasser, allerdings ca. 2–3 Min. kürzer, als die Packungsanleitung es empfiehlt. Schneide den Brokkoli in kleine Röschen.

Tipp: Den Strunk musst du nicht wegwerfen, den kann man auch super verarbeiten!

Dann den Brokkoli für 4–5 Min. in kochendem Wasser blanchieren. Heiz in der Zwischenzeit den Ofen auf 190 Grad Ober-/Unterhitze vor.

2. Vermische den Pflanzendrink mit der Speisestärke. Vermenge das Ganze dann mit den restlichen Zutaten in einem Topf und bring die Sauce unter ständigem Rühren zum Köcheln. Nach ca. 5 Min. sollte sie leicht angedickt sein. Dann kannst du die Nudeln und den Brokkoli in eine Auflaufform geben, die Sauce darauf verteilen und abschließend den veganen „Käse“ darüberstreuen.

3. Back den Auflauf 10–15 Min., bis der „Käse“ geschmolzen ist. Schneide in der Zwischenzeit den Tofu in kleine Würfel und erhitze das Öl in einer Pfanne. Brate den Tofu für einige Minuten scharf an, bis alle Seiten gut gebräunt sind, und lösche ihn zum Schluss mit der Sojasauce ab.

Füll den „Bacon“ in eine Schüssel und serviere ihn mit dem Auflauf.

ENERGIE	PROTEINE	KOHLENHYDRATE	FETT
533 kcal	28 g	64 g	14 g

5 Portionen	30 min	Einfach

Würzige Pasta

MIT GEBACKENEM „PARMESAN"-BROKKOLI

Sauce:

1 EL Öl zum Anbraten
1 Zwiebel
2 Knoblauchzehen
100 g getr. Tomaten
2 Möhren
1 Stange Sellerie
400 g Räuchertofu
1 EL Balsamico-Essig
3 EL Sojasauce
800 g stückige Tomaten
Salz und Pfeffer nach Geschmack
1 EL getr. italienische Kräuter
1 TL Räucherpaprika
125 ml Pastawasser

„Parmesan"-Brokkoli:

50 g Cashews
3 EL Hefeflocken
je 1/2 TL Knoblauchpulver und Salz

Sonstiges:

1 Kopf (ca. 500 g) Brokkoli
1 EL Öl

Sonstiges:

400 g Nudeln

Zubereitung:

1. Heiz zuerst den Ofen auf 180 Grad Umluft vor und setz Salzwasser für die Nudeln auf. Schneide nun die Zwiebel, den Knoblauch, die getrockneten Tomaten, die Möhren und den Sellerie in große Stücke und gib sie in eine kleine Küchenmaschine mit dem „S-Messer-Aufsatz". Reiß den Tofu in Stücke und gib ihn mit der Sojasauce und dem Balsamico-Essig mit in die Küchenmaschine. Mixe nun alle Zutaten für 1–2 Min. zu einer stückigen Masse.

2. Schneide den Brokkoli in kleine Röschen und wasch diese gut ab. Jetzt kannst du die Cashews, die Hefeflocken und die Gewürze in einem Mixer oder mit einem Messer zerkleinern. Leg den Brokkoli auf ein Backblech und verteile sowohl das Öl als auch den „Parmesan" darauf. Vermische alles mit den Händen und schieb den Brokkoli für 20–25 Min. in den Ofen.

3. Nun kannst du die Nudeln in das kochende Wasser geben und al dente kochen. Erhitze in der Zwischenzeit etwas Öl in einer großen Pfanne und brate die stückige Masse 5–7 Min. an. Gib dann die stückigen Tomaten, die restlichen Gewürze und das Pastawasser dazu, rühre alles gut um und lass die Sauce 10 Min. köcheln (bis die Nudeln fertig sind).

4. Sobald die Nudeln gekocht sind, kannst du sie abgießen, mit der Sauce vermischen und ggf. nochmal abschmecken. Mittlerweile sollte auch der Brokkoli fertig sein. Das heißt: Zeit zum Servieren!

ENERGIE	PROTEINE	KOHLENHYDRATE	FETT
507 kcal	25 g	54 g	17 g

6 Portionen	45 min	Einfach	High Protein

„Als ich beschloss, mich vegan zu ernähren, war meine Familie veganen Gerichten gegenüber eigentlich sehr offen eingestellt. Nur meine Mutter betonte immer wieder, dass ihr „diese Soja-schnetzel" einfach nicht schmecken würden. Woraufhin ich mir dachte: „Herausforderung angenommen!"

Also hab ich mir viel Zeit genommen, recherchiert und letztlich einfach drauflosprobiert. Und was soll ich sagen? Diese vegane „Bolognese" ist aus unserem Speiseplan gar nicht mehr weg-zudenken und hat bislang noch jeden Nicht-Veganer voll und ganz überzeugt!

Mama-approved!"

VEGANE „BOLOGNESE" mit Rucola-Salat

„Bolognese":

150 g feine Sojaschnetzel
500 ml Gemüsebrühe
1 Zwiebel
2 Knoblauchzehen
1 Stange Sellerie
2 Möhren
1 EL Öl zum Anbraten
2 EL Tomatenmark
3 EL Balsamico-Essig
3 EL Sojasauce
750 ml Tomatensauce
180 ml Wasser
Salz und Pfeffer nach Geschmack
1 EL getr. italienische Kräuter

Rucola-Salat:

2 EL Olivenöl
2 EL Weißweinessig
Salz und Pfeffer nach Geschmack
1 EL Agavendicksaft
1 TL Senf
1 mittelgroßer Apfel
200 g Rucola
eine Handvoll gehackte Walnüsse (optional)

Sonstiges:

400 g Nudeln

Zubereitung:

1. Koch zuerst die Sojaschnetzel für 5–10 Min. in der Gemüsebrühe weich. Danach die Brühe abgießen und die Schnetzel mit kaltem Wasser abschrecken. Gib sie in ein Küchenhandtuch und versuch, so viel Flüssigkeit wie möglich auszupressen.

Nun kannst du Zwiebel, Knoblauch, Sellerie und Möhren in kleine Stücke schneiden.

2. Erhitze das Öl in einer großen Pfanne oder einem Topf und setz parallel schon mal Salzwasser für die Nudeln auf. Brate dann die Zwiebel und den Knoblauch 5 Min. in der Pfanne an und gib anschließend die Sojaschnetzel dazu. Lass sie kurz mitbraten und lösch dann alles mit der Sojasauce ab. Das Ganze gut verrühren und das Tomatenmark und den Balsamico-Essig hinzufügen. Nach 3 Min. kannst du die restlichen Zutaten hinzufügen.

3. Lass die Sauce dann mind. 15 Min. köcheln und parallel die Nudeln im Salzwasser garen.

4. In der Zwischenzeit kannst du den Salat zubereiten. Dazu erst mal die Rucolablätter und den Apfel waschen. Schneide den Apfel in feine Schnitze. Vermische in einer Schüssel Olivenöl, Essig, Salz, Pfeffer, Agavendicksaft und Senf zu einem Dressing und gib es dann über den Rucola und die Apfelschnitze.

Tipp: Eine Handvoll gehackte Walnüsse rundet den Salat ab!

5. Die Nudeln abgießen, mit der „Bolognese"-Sauce übergießen und alles zusammen servieren.

ENERGIE	PROTEINE	KOHLENHYDRATE	FETT
557 kcal	30 g	81 g	54 g

5 Portionen	30 min	Einfach	High Protein

„Ich war schon immer ein riesiger Lasagne-Fan. Ob das daran liegt, dass ich früher bei meiner Oma so gerne „Garfield“ geschaut habe? Wer weiß …

Ich fand, dass besonders die Lasagne meiner Mutter weltklasse schmeckte. Ich habe sie sogar so gerne gegessen, dass ich sie mir zu jedem erdenklichen Anlass gewünscht habe: zu jedem meiner Geburtstage, zu meiner Kommunion, ja, ich wollte sie sogar an Ostern und Weihnachten machen. Als ich vegan wurde, war's das dann erst mal mit der großen Lasagneliebe. Bis ich mich mit meiner Mutter in die Küche gestellt habe und ihr von mir so geliebtes Rezept „veganisierte“. Und ich finde, es schmeckt genauso wie früher …“

LASAGNE
mit einfachem Salat

„Bolognese"-Sauce:

150 g feine Sojaschnetzel
500 ml Gemüsebrühe
1 Zwiebel
2 Knoblauchzehen
1 Stange Sellerie
2 Möhren
1 EL Öl zum Anbraten
2 EL Tomatenmark
3 EL Balsamico-Essig
3 EL Sojasauce
750 ml Tomatensauce
180 ml Wasser
Salz und Pfeffer nach Geschmack
1 EL getr. italienische Kräuter

Einfacher Salat:

1 großer Kopfsalat
3 EL Olivenöl
80 ml Balsamico-Essig
50 g Agavendicksaft
1 TL Salz
eine Prise Pfeffer

Sonstiges:

250 g Lasagneplatten
100 g veg. „Käse"

Zubereitung:

1. Schneide zuerst die Zwiebel, den Knoblauch, die Möhren und den Sellerie klein, während du die Sojaschnetzel in ausreichend Wasser weich kochst. Brate nun das geschnittene Gemüse in einer großen Pfanne für 1 Min. an. In der Zwischenzeit kannst du die Sojaschnetzel abgießen, in ein Küchenhandtuch geben und darin gut auswringen.

Tipp: Die Sojaschnetzel sind nach dem Kochen sehr heiß, sodass man sich beim Ausdrücken leicht die Finger verbrennt. Schreck sie einfach kurz mit kaltem Wasser ab, um das zu vermeiden.

Gib die Sojaschnetzel ebenfalls in die Pfanne und brate sie etwas an.

2. Lösch nun alles mit der Sojasauce, dem Balsamico-Essig und dem Tomatenmark ab und füge nach 3–5 Min. die restlichen Zutaten hinzu. Lass allerdings noch eine kleine Menge Tomatensauce übrig für später. Die Sauce jetzt für ca. 15 Min. köcheln lassen. Heiz währenddessen den Ofen auf 190 Grad Ober-/Unterhitze vor.

3. Verteile die Tomatensauce, die du übrig gelassen hast, in einer Auflaufform. Leg einige Lasagneplatten darauf und verteile auf diesen die fertige „Bolognese"-Sauce. Wiederhole diesen Vorgang, bis die letzte Schicht der Nudelplatten mit Sauce bedeckt und diese aufgebraucht ist. Jetzt kommt noch etwas veganer „Käse" darauf und anschließend wird die Lasagne für 30 Min. im Ofen gebacken.

4. Als Nächstes bereitest du den Salat zu. Putze und schneide ihn und vermische ihn mit dem Öl, dem Balsamico-Essig und dem Agavendicksaft sowie mit Salz und Pfeffer in einer großen Schüssel. Wenn die Lasagne fertig und der „Käse" goldbraun ist, kann serviert werden.

ENERGIE	PROTEINE	KOHLENHYDRATE	FETT
543 kcal	28 g	66 g	10 g

5 Portionen	60 min	Einfach

SELBST GEMACHTE Cajun-Pasta MIT KNUSPERZWIEBELN

Pasta:

150 ml Wasser
300 g Mehl
eine Prise Salz

Frühlingssauce:

1 EL Öl zum Anbraten
1 Paprika
1 Zucchini
1 Zwiebel
1 Chili
2 Knoblauchzehen
250 ml Tomatensauce
250 ml Pflanzendrink
2 TL Paprikapulver
1 TL Thymian
1 TL Oregano
Salz und Pfeffer nach Geschmack

Knusperzwiebeln:

1 große Zwiebel
2 EL Speisestärke
3 EL Pflanzendrink
20 g Semmelbrösel

Zubereitung:

1. Für die selbst gemachten Nudeln verknetest du das Mehl mit dem Wasser und dem Salz zu einem Teig und lässt diesen 20–30 Min. abgedeckt ruhen. In der Zwischenzeit bereitest du das ganze Gemüse für die Sauce vor und erhitzt das Öl in einer tiefen Pfanne. Brate die Zwiebel, die Chili und den Knoblauch einige Minuten an, bevor die Paprika und die Zucchini dazukommen.

2. Gib nun die restlichen Zutaten hinzu und lass die Sauce bei mittlerer Hitze köcheln. Heiz den Ofen auf 200 Grad Umluft vor und schneide die große Zwiebel in halbe Ringe. Wälze diese erst in der Stärke, dann im Pflanzendrink und zuletzt in den Semmelbröseln. Back die panierten Zwiebelringe für 10–12 Min.

3. Bring einen großen Topf mit Salzwasser zum Kochen und schneide den ausgerollten Nudelteig mit einer Schere in die gewünschte Form. Koche die Nudeln dann in dem Salzwasser für 4–5 Min., bis sie an der Oberfläche schwimmen.

4. Jetzt sollten die Nudeln gar sein. Schöpfe sie ab, rühr sie in die Sauce ein und serviere sie mit den Zwiebeln.

ENERGIE	PROTEINE	KOHLENHYDRATE	FETT
355 kcal	14 g	56 g	5 g

4 Portionen	40 min	Mittel

„Nach einem langen Schultag kam ich einmal ganz müde nach Hause, wo mich schon ein unglaublich leckerer Duft begrüßte. Meine Mutter hatte einen Nudelauflauf gemacht und uns gesagt, es sei ihr „Spezialnudelauflauf". Er schmeckte so gut, dass ich seitdem keinen vergleichbaren mehr gegessen habe. Ich konnte jedoch nie herausfinden, was ihn so besonders gemacht hat!

Einige Jahre später, als wir wieder auf den Auflauf zu sprechen kamen, erzählte mir meine Mutter, dass sie an dem Tag eigentlich eine ganz normale rote Sauce machen wollte. Sie hatte jedoch nur noch ganz wenig Tomatenmark zu Hause, welches sie dann mit viiiiel Sahne gestreckt hatte.

Kein Wunder, dass es so lecker war!"

Mamas Nudelauflauf

MIT FRISCHEM ZUCCHINISALAT

Sauce:

1 Zwiebel
2 Knoblauchzehen
3 EL Tomatenmark
625 ml Pflanzendrink
1 EL Speisestärke
Salz und Pfeffer nach Geschmack
1 TL getr. italienische Kräuter
1 TL Paprikapulver
1 EL Öl zum Anbraten

Frischer Zucchinisalat:

4 mittelgroße Zucchini
Saft einer Zitrone
2 EL Öl
Salz und Pfeffer nach Geschmack
1/2 Bund frische Petersilie
1 Chili
2 EL Agavendicksaft

Sonstiges:

400 g Nudeln
100 g veg. „Käse“ zum Überbacken

Zubereitung:

1. Gib zuerst die Nudeln in kochendes Salzwasser und koch sie al dente. Schneide danach den Knoblauch und die Zwiebel klein. Erhitze das Öl in einer Pfanne und brate sowohl den Knoblauch als auch die Zwiebel für einige Minuten an. Das Tomatenmark hinzugeben und parallel den Pflanzendrink mit der Stärke vermischen.

Tipp: Der Pflanzendrink mit der Stärke ist hier unser Sahne-Ersatz, um die Masse extracremig zu bekommen!

2. Heiz währenddessen den Ofen auf 190 Grad Ober-/Unterhitze vor. Gib den Pflanzendrink und die Gewürze in die Pfanne. Die Sauce nun für 5–10 Min. köcheln lassen und ab und zu umrühren. Wenn sie angedickt ist, kannst du die Nudeln einrühren und anschließend alles in eine Auflaufform füllen. Jetzt kommt noch der vegane „Käse“ obendrauf und ab in den Ofen damit. Lass den Auflauf 10–15 Min. überbacken, bis der „Käse“ geschmolzen und goldbraun geworden ist.

3. In der Zwischenzeit kannst du die Zucchini waschen und mit einem Sparschäler in lange Streifen schneiden. Schneide nun auch die Chili klein und vermische die Zucchinistreifen in einer Schüssel mit der Chili, dem Saft einer Zitrone, dem Öl, dem Agavendicksaft, der Petersilie und Salz und Pfeffer.

Fertig! Den Auflauf mit dem Zucchinisalat servieren.

ENERGIE	PROTEINE	KOHLENHYDRATE	FETT
525 kcal	16 g	76 g	16 g

5 Portionen	40 min	Einfach

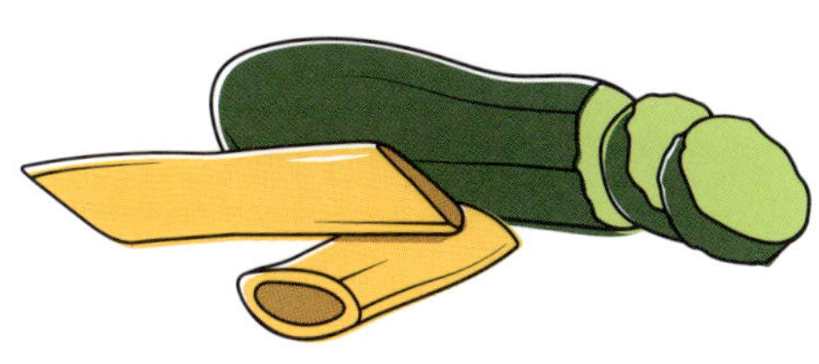

LAHMACUN MIT SCHÄFERSALAT UND *Knoblauchsauce*

Lahmacun-Teig:

300 g Weizenmehl
1 TL Trockenhefe
eine Prise Salz
195 ml lauwarmes Wasser

Lahmacun-Belag:

115 g Naturtofu
4 EL Tomatenmark
100 g Tomatensauce
1 kleine Zwiebel
2 Knoblauchzehen
1 TL Salz
1 TL Kumin
1 TL Paprikapulver
1/2 TL Chiliflocken
eine Handvoll Petersilie

Knoblauchsauce:

150 g veg. „Joghurt" (ungesüßt)
175 g veg. „Schmand"
oder „Frischkäse"
2 TL Knoblauchpulver
1 EL Weißweinessig
1 TL Agavendicksaft
Salz und Pfeffer nach Geschmack

Schäfersalat:

4 mittelgroße Tomaten
2 mittelgroße Gurken
1/2 Bund Petersilie
1/2 rote Zwiebel
2 EL Balsamico-Essig
Saft einer halben Zitrone
1 TL Salz
1 TL gem. Koriander
2 EL Fenner Harz oder Agavendicksaft
2 EL Olivenöl

Zubereitung:

1. Für den Teig vermischst du zuerst das Mehl, die Hefe und das Salz in einer Schüssel. Rühr dann das Wasser ein und knete alles zu einem weichen Teig. Deck ihn ab und lass ihn 1–2 Std. gehen.

Tipp: Zum Abdecken nehme ich immer ein klassisches Geschirrtuch.

2. In der Zwischenzeit kannst du den Belag zubereiten. Schneide dafür Zwiebel, Petersilie und Knoblauch ganz klein und zerkrümel den Tofu. Gib alles in eine Schüssel. Füge jetzt die Tomatensauce, das Tomatenmark und die Gewürze zu den klein geschnittenen Zutaten hinzu und vermische alles gut miteinander.

3. Für die Knoblauchsauce werden alle Zutaten in einer Schüssel vermischt. Der Weißweinessig und der Agavendicksaft geben die nötige Säure und Süße für die Sauce. Vorsicht beim Knoblauchpulver: nicht übertreiben und unbedingt abschmecken!

4. Heiz jetzt den Ofen auf 225 Grad Ober-/Unterhitze vor und roll den Teig so dünn wie möglich aus.

Tipp: Am besten rollst du den Teig schon direkt auf dem Backpapier aus.

Verteile auf dem flachen Teig den Belag und back die Lahmacun für ca. 15–20 Min., bis der Teig eine goldbraune Farbe angenommen hat.

5. Währenddessen kannst du für den Schäfersalat das ganze Gemüse waschen, schneiden und die Zutaten vermischen. Als Dressing reichen ein wenig Balsamico-Essig und Olivenöl. Agavendicksaft oder Fenner Harz und der Koriander runden den Geschmack ab.

6. Wenn die Lahmacun fertig gebacken ist, serviere sie mit etwas Knoblauchsauce, einem Spritzer Zitronensaft und dem Salat.

ENERGIE	PROTEINE	KOHLENHYDRATE	FETT
473 kcal	17 g	57 g	17 g

4 Portionen	2 h 25 min	Einfach

DEEP DISH PIZZA *mit Hacksalat*

Pizzateig:

200 g Mehl
30 g Maismehl
1 TL Salz
1/2 EL Zucker
1 TL Trockenhefe
2 EL Margarine
150 ml lauwarmes Wasser

Belag:

400 g Tomatensauce
Salz und Pfeffer nach Geschmack
1 TL Knoblauchpulver
1 TL getr. Oregano
100 g veg. „Käse“

Salat:

1 Kopfsalat
2 Tomaten
50 g Oliven
1/2 Gurke
2 EL Öl
3 EL Weißweinessig
1 gehäufter TL Senf
2 EL Agavendicksaft
4 EL Soja-Cuisine (veg. „Sahne“)
eine Prise Salz und Pfeffer

Zubereitung:

1. Vermische zuerst das Mehl mit der Hefe, dem Zucker und dem Salz. Rühre dann das Wasser und die Margarine ein und verknete alles zu einem weichen Teig. Deck ihn ab und lass ihn 1–2 Std. gehen.

2. Heiz nun den Ofen auf 215 Grad Ober-/Unterhitze vor und fette zwei Pfannen oder Springformen mit einem Durchmesser von 23 cm ein. Teile den Teig in zwei Teile und roll diese aus. Vermische dann die Tomatensauce mit den Gewürzen.

3. Leg den Teig in die Springformen, verteile darin dann etwas „Käse“ und gib zum Schluss die Tomatensauce dazu. Back die Pizzas für 25–30 Min. goldbraun. In der Zwischenzeit kannst du den Salat zubereiten. Hacke dafür das Gemüse in mundgerechte Stücke und vermische die restlichen Zutaten zu einem Dressing.

4. Vermenge das Gemüse mit dem Dressing in einer Salatschüssel. Hol die Pizzas aus dem Ofen und serviere alles zusammen.

Tipp: Lass die Pizza, wenn sie fertig gebacken ist, noch 5–7 Min. draußen stehen – dann kann man sie besser schneiden.

ENERGIE	PROTEINE	KOHLENHYDRATE	FETT
430 kcal	10 g	54 g	17 g

5 Portionen	1 h 40 min	Einfach

BBQ-BURGER

MIT WESTERNKARTOFFELN UND BURGERSAUCE

Glutenfreie Zubereitung möglich!

Burger:

220 g Kidneybohnen aus der Dose
220 g Mais aus der Dose
160 g Kichererbsenmehl (oder anderes Mehl)
2 TL Räucherpaprika
1 TL Kumin
1 TL Salz
150 g Champignons
1 Zwiebel
2 Knoblauchzehen

Sauce:

80 g veg. „Joghurt“
1 TL Agavendicksaft
1 TL Tomatenmark
1 TL Sriracha
2 TL Essig
1/2 TL Salz

Westernkartoffeln:

1,4 kg Kartoffeln (festkochend)
1 EL Öl
1 TL Salz
2 TL Paprikapulver
1 TL getr. Oregano

Sonstiges:

9 Burgerbrötchen (ggf. glutenfrei)
Salat und Tomate zum Belegen

Zubereitung:

1. Schäl die Kartoffeln und schneide sie in Ecken. Koch sie danach in ausreichend Salzwasser für ca. 10 Min. weich. In der Zwischenzeit heizt du den Ofen auf 200 Grad Umluft vor. Gieß das Wasser der gekochten Kartoffeln ab.

2. Nun kannst du das Öl und die Gewürze zu den Kartoffeln im Topf geben, alles gut vermengen und auf einem Backblech verteilen. Jetzt werden die Kartoffeln für ca. 20–25 Min. goldbraun gebacken.

3. Schneide für die Burger-Patties die Zwiebel und den Knoblauch in größere Stücke. Zerkleinere sie mit dem Mais und den Bohnen in einer kleinen Küchenmaschine zu einer klebrigen Masse. Füll diese in eine Schüssel, gib das Mehl und die Gewürze hinzu und verrühre alles zu einem Teig. Forme daraus 9 Patties.

4. Brate die Patties von beiden Seiten goldbraun an und back sie anschließend mit den Kartoffeln im Ofen für noch ca. 10–15 Min. Jetzt kannst du die Burgersauce zubereiten, indem du alle Zutaten gut vermischst.

Wenn alles fertig ist, kannst du den Burger bauen und genießen.

ENERGIE	PROTEINE	KOHLENHYDRATE	FETT
360 kcal	13 g	53 g	5 g

9 Portionen	45 min	Mittel

KARTOFFELWAFFELN

MIT ROTE-BETE-SALAT UND „FISCH"-BULETTEN

Kartoffelwaffeln:

800 g Kartoffeln (festkochend)
30 g Speisestärke
1/2 TL Muskat
1 TL Salz
1 EL gehackte Petersilie
eine Prise Pfeffer

Rote-Bete-Salat:

1 kg gekochte Rote Bete
200 g veg. „Joghurt"
2 EL Senf
3 EL Agavendicksaft
Saft einer halben Zitrone
4 EL Balsamico-Essig
3 EL gehackte Petersilie
1 TL Knoblauchpulver
Salz und Pfeffer nach Geschmack

„Fisch"-Buletten:

220 g Kichererbsen aus der Dose
560 g Jackfruit aus der Dose
6 TL zerkrümelte Nori-Alge
5 EL (Kichererbsen-)Mehl
1 TL Kumin
1 TL Paprikapulver
1 TL Salz
1/2 TL Knoblauchpulver
1/2 TL Chiliflocken
60 g Semmelbrösel

Zubereitung:

1. Heiz den Ofen auf 180 Grad Umluft vor. Schäl die Kartoffeln, schneide sie klein und koch sie anschließend in ausreichend Salzwasser weich. Gieß in der Zwischenzeit die Kichererbsen und die Jackfruit ab. Drück die Jackfruit mit einem Küchenhandtuch aus und zerkleinere sie zusammen mit den Kichererbsen mit einer kleinen Küchenmaschine zu einer klebrigen Masse.

2. Gib die Masse in eine Schüssel und knete die restlichen Zutaten ein. Forme daraus 10 Buletten und backe sie für 15–20 Min. im Ofen. Wenn die Kartoffeln weich sind, kannst du sie abgießen und mit einem Kartoffelstampfer zerstampfen.

3. Fette ein Waffeleisen ein und heiz es vor. Vermische nun die Stärke und die Gewürze für die Kartoffelwaffeln mit den Kartoffeln. Gib den Teig portionsweise in das Waffeleisen und backe ihn darin goldbraun.

4. Nun kannst du die Rote Bete kurz abspülen und klein schneiden. Vermische sie in einer großen Schüssel mit den übrigen Zutaten. Sobald alle Waffeln goldbraun sind, kann serviert werden.

ENERGIE	PROTEINE	KOHLENHYDRATE	FETT
473 kcal	16 g	81 g	3 g

5 Portionen	45 min	Einfach

GEMÜSE-TACOS

MIT GUACAMOLE UND MAIS-TORTILLAS

Füllung:

1 Knollensellerie
2 mittelgroße Zucchini
1 Zwiebel
300 g Räuchertofu
1 EL Öl
1 TL Knoblauchpulver
1 TL Chiliflocken
1 EL Paprikapulver
1/2 EL Kumin
1 TL Salz

Guacamole:

1 Avocado
1 kleine rote Zwiebel
2 EL Petersilie oder Koriander
Saft einer halben Limette
1 Knoblauchzehe
Salz und Pfeffer nach Geschmack

Mais-Tortillas:

285 g Maismehl
2 EL Öl
eine Prise Salz
500 ml Wasser

Zubereitung:

1. Heiz den Ofen auf 185 Grad Umluft vor. Schneide das Gemüse in Würfel und gib diese in eine Schüssel. Zerkrümel den Tofu und gib ihn ebenfalls dazu. Vermenge nun alles mit dem Öl und den Gewürzen und verteile es gleichmäßig auf einem Backblech.

2. Back die Füllung jetzt für 25–30 Min. Vermische in der Zwischenzeit das Maismehl mit dem Öl, dem Salz und dem Wasser für die Tortillas und lass den Teig ca. 5 Min. stehen. Teile ihn dann in 10–12 Stücke und roll diese zu Kugeln. Leg eine Kugel zwischen zwei Stücke Backpapier und roll sie zu einem dünnen Fladen aus. Das wiederholst du mit den restlichen Teigkugeln.

3. Erhitze eine Pfanne und brate jede Tortilla 30–60 Sek. pro Seite an.

Tipp: Umwickel den Stapel Tortillas nach dem Braten mit einem Küchenhandtuch. So bleiben sie weich.

Schneide für die Guacamole die Zwiebel, den Knoblauch und die Petersilie ganz klein. Zerdrück die Avocado in einer Schüssel, gib die Limette sowie Salz und Pfeffer dazu und vermenge alles miteinander. Abschmecken nicht vergessen.

4. Wenn die Füllung fertig gebacken ist, kannst du deine Tortillas nach Belieben füllen.

ENERGIE	PROTEINE	KOHLENHYDRATE	FETT
480 kcal	20 g	51 g	18 g

5 Portionen	40 min	Mittel	High Protein	Glutenfrei

Veganes „Gyros“

MIT SELBST GEMACHTEN POMMES, KRAUTSALAT UND ZAZIKI

„Gyros“:

185 g grobe Sojaschnetzel
(+ genug Gemüsebrühe zum Bedecken)
1 Zwiebel
2 Knoblauchzehen
1 EL Öl zum Anbraten
2 EL Sojasauce
1 TL getr. Oregano
1 TL getr. Thymian
1/2 TL getr. Rosmarin
2 TL Kumin
eine Prise Salz und Pfeffer

Pommes:

1,3 kg Kartoffeln (festkochend)
1 EL Öl
1 TL Salz
eine Prise Pfeffer

Krautsalat:

1 mittelgroßer Spitzkohl
2 Zwiebeln
3 TL Salz
4 EL Olivenöl
180 ml Weißweinessig
5 EL Zucker
etwas Pfeffer nach Geschmack

Zaziki:

250 g veg. „Joghurt“
1/2 Gurke
1 Knoblauchzehe
Saft einer Zitrone
1 TL Salz
eine Prise Pfeffer
1 EL frische Petersilie

Zubereitung:

1. Bereite als Erstes den Salat vor. Schneide dazu die Zwiebeln und den Spitzkohl in feine Streifen. Gib die restlichen Zutaten dazu und „massiere“ das Dressing für ca. 5 Min. ein. Danach ziehen lassen.

2. Wasch nun die Kartoffeln und schneide sie in Pommes-Sticks. Leg sie in einen großen Topf und bedeck sie mit Wasser. Lass sie 30 Min. lang so stehen. In der Zwischenzeit kannst du den Ofen auf 200 Grad Umluft vorheizen und die Sojaschnetzel 10–15 Min in der Gemüsebrühe kochen.

3. Gieß das Wasser der Kartoffeln ab, vermische sie mit dem Öl und den Gewürzen und verteile sie gleichmäßig auf einem Backblech. Back sie für 25 Min. goldbraun. Wenn die Sojaschnetzel weich sind, kannst du auch hier das Wasser abgießen. Die Schnetzel kurz mit kaltem Wasser abschrecken und dann in ein Küchenhandtuch geben.

4. Presse so viel Wasser wie möglich aus den Sojaschnetzeln. Brate sie danach mit der kleingeschnittenen Zwiebel und dem Knoblauch in etwas Öl an. Gib nach 3–5 Min. die Sojasauce und die Gewürze dazu und brate alles weiter bei mittlerer Hitze.

5. Raspel für das Zaziki die Gurke und drück sie etwas aus. Schneide den Knoblauch ganz fein, rupf die Petersilie klein und vermische alle Zutaten in einer Schüssel. Wenn die Pommes knusprig sind, kann serviert werden.

Tipp: Du kannst statt Spitzkohl auch Weiß- oder Chinakohl verwenden, ich finde allerdings, dass Spitzkohl am bekömmlichsten ist.

ENERGIE	PROTEINE	KOHLENHYDRATE	FETT
535 kcal	23 g	58 g	18 g

6 Portionen	60 min	Mittel	High Protein	Glutenfrei

„Früher war jeder Dienstag „Heute-kocht-Papa-Tag". Und es gab ein Gericht, das er ungefähr 99 % der Zeit machte: ein asiatisches Stir-Fry. Tatsächlich hat er es so oft gekocht, dass es nach einiger Zeit hieß: „Papa, bitte nicht schon wieder chinesisch."

Jetzt, ca. neun Jahre später, konnte ich mich nicht nur wieder mit dem Gericht anfreunden – es ist sogar eins meiner Lieblingsgerichte. Danke, Papa!"

Stir-Fry

MIT CURRY-KICHERERBSEN-ERDNUSS-TOPPING

Stir-Fry:

1 EL Öl
1 große Zwiebel
ein daumengroßes Stück Ingwer
1 Chili
2 Knoblauchzehen
2 mittelgroße Möhren
500 g breite Bohnen
2 Paprika
1/2 TL Zimt
5 EL Sojasauce
2 EL Agavendicksaft
1 EL Weißweinessig
1 EL Speisestärke
2 EL Wasser

Topping:

75 g Erdnüsse
220 g Kichererbsen aus der Dose
1 TL Currypulver
1 EL Agavendicksaft

Sonstiges:

250 g veg. Mie-Nudeln

Zubereitung:

1. Schneide das ganze Gemüse klein und brate zuerst die Zwiebel, den Knoblauch, die Chili und den Ingwer in dem Öl an. Gib dann das restliche Gemüse hinzu und brate es für weitere 7–10 Min. In der Zwischenzeit kannst du schon einmal das Nudelwasser aufsetzen.

2. Sobald das Wasser kocht, kannst du die Nudeln hinzugeben und nach Packungsanweisung garen. Für das Topping gieß nun die Kichererbsen ab und röste sie in einer Pfanne mit den Erdnüssen und dem Currypulver. Nach ca. 5 Min. kannst du den Agavendicksaft hinzugeben. Vermische alles und verteil das Topping danach auf Backpapier, um es abkühlen zu lassen.

3. Schmeck als Nächstes das Gemüse mit Sojasauce, Agavendicksaft, Essig und Zimt ab. Vermische separat die Speisestärke mit dem Wasser und rühre die Mischung dann ein. Lass die Stir-Fry-Sauce kurz etwas andicken und serviere die Nudeln mit dem Gemüse und dem Topping.

ENERGIE	PROTEINE	KOHLENHYDRATE	FETT
605 kcal	23 g	79 g	15 g

4 Portionen	30 min	Einfach	High Protein

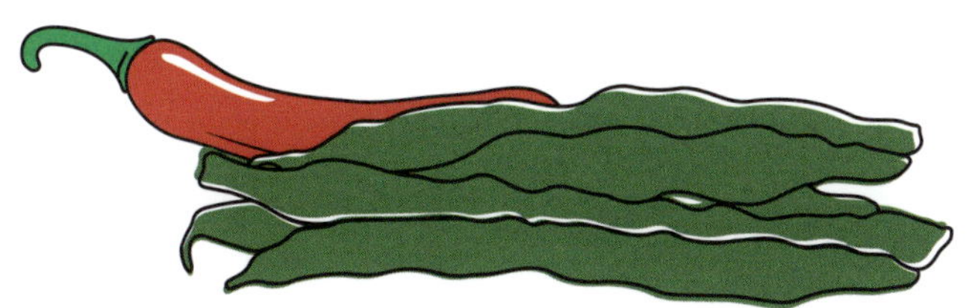

BAO BUNS

MIT GEBRATENEN PILZEN UND EINGELEGTEM GEMÜSE

„Ich habe mir unglaublich lange einen Bambusdampfkorb gewünscht, weil ich überall auf Instagram diese coolen Bao Buns gesehen habe. Das sind fluffige, gedämpfte Hefebrötchen mit asiatischer Füllung und sie sehen superlecker aus. An Weihnachten habe ich dann endlich einen bekommen – und habe ab da nur noch davon geredet, so bald wie möglich Bao Buns machen zu wollen.

An Silvester sollte es dann endlich so weit sein. Allerdings wäre es fast nicht dazu gekommen – ich konnte meine Aufregung wohl schlecht für mich behalten. Denn irgendwann hat meine Schwester völlig entnervt gemeint, dass wenn ich noch einmal Bao Buns sagen sollte, sie meinen Bambusdämpfer aus dem Fenster schmeißen würde. Naja gut, ich muss gestehen: Ich habe wirklich oft über Bao Buns gesprochen …“

Bao Buns:

310 g Mehl
1/2 TL Backpulver
eine Prise Salz
125 ml Pflanzendrink
80 ml Wasser
1 EL Trockenhefe
2 EL Zucker
2 EL Öl

Pilze:

500 g Champignons
1/2 EL Öl
2 EL Sojasauce
1 EL Agavendicksaft
1/2 TL Zimt
3/4 TL Ingwerpulver
1/2 TL Knoblauchpulver
1/2 TL Chiliflocken

Eingelegtes Gemüse:

1/2 Gurke
ein Bund Radieschen
1 rote Zwiebel
2 Knoblauchzehen
ein daumengroßes Stück Ingwer
Saft von 2 Zitronen
4 EL Agavendicksaft
1 TL Salz

Zubereitung:

1. Bereite zuerst den Teig vor. Vermische dazu zunächst den Pflanzendrink, das Wasser, die Trockenhefe, den Zucker und das Öl.

Tipp: Verwende lauwarmen Pflanzendrink!

Lass die Mischung kurz stehen und verrühre in der Zwischenzeit das Mehl mit dem Backpulver und dem Salz. Gib nun die trockenen zu den feuchten Zutaten und verknete alles für ca. 5 Min. zu einem weichen Teig. Deck ihn ab und lass ihn 1–2 Std. gehen.

2. Für das eingelegte Gemüse presst du die Zitrone aus, schneidest das ganze Gemüse in dünne Scheiben und vermischst alle Zutaten gut miteinander. Deck das Gemüse ab und lass es für ca. 30 Min. ziehen.

3. Wenn der Teig sich ungefähr verdoppelt hat, knetest du ihn noch mal 2–3 Min. durch und teilst ihn in 14 gleich große Teile. Diese rollst du jeweils zu einem ca. 1 cm dicken Fladen aus, bestreichst die Oberfläche mit etwas Öl und klappst den Fladen einmal in der Mitte um. Bring nun in einer Pfanne oder einem Wok Wasser zum Kochen und platziere darüber einen Bambusdämpfer oder ein großes Sieb. Achte darauf, dass der Dämpfer bzw. das Sieb das Wasser nicht berührt.

4. Wenn das Wasser kocht, kannst du den Bambusdämpfer oder das große Sieb mit Backpapier auslegen und darin die Teiglinge platzieren. Leg sie nicht zu nahe aneinander, denn sie gehen noch auf. Ich habe sie jeweils zu viert gedämpft. Leg einen Deckel drauf und dämpfe sie 10–12 Min.

5. Schneide als Nächstes die Pilze klein und erhitze das Öl in einer Pfanne. Brate die Pilze ca. 10 Min. an und schmecke sie danach mit den restlichen Zutaten ab. Wenn alle Brötchen gedämpft sind, kannst du sie mit dem eingelegten Gemüse und den Pilzen füllen. Ich gebe gerne noch etwas Chilisauce dazu.

ENERGIE	PROTEINE	KOHLENHYDRATE	FETT
480 kcal	16 g	77 g	10 g

4 Portionen	1 h 30 min	Mittel

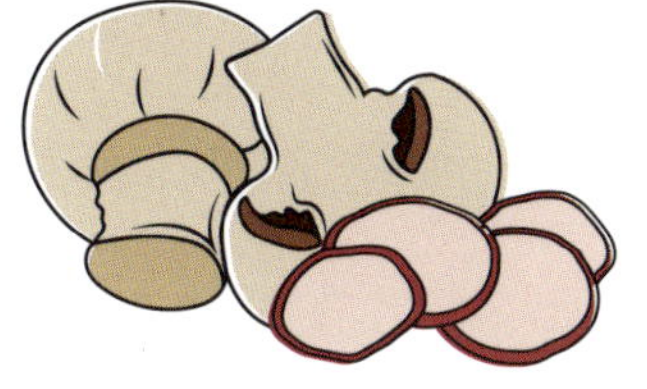

ERDNUSSEINTOPF

MIT MAISBROT-MUFFINS

Glutenfreie Zubereitung möglich!

Eintopf:

1 EL Öl
1 Zwiebel
2 Knoblauchzehen
220 g Kichererbsen aus der Dose
8 kleine Kartoffeln
1 Paprika
1 Blumenkohl
8 Möhren
ein Stück Ingwer
2 TL gem. Koriander
1 EL Kumin
1/2 TL Zimt
1/2 TL Kurkuma
1 TL Chiliflocken
1 EL Paprikapulver
750 ml Gemüsebrühe
125 g Erdnussmus
Saft einer Zitrone
Salz und Pfeffer nach Geschmack
250 g Dosentomaten

Maisbrot-Muffins:

60 g Maismehl
60 g Weizenmehl
(Hafermehl für eine glutenfreie Variante)
1 EL Speisestärke
1/2 TL Salz
2 TL Backpulver
2 EL Öl
1 EL Agavendicksaft

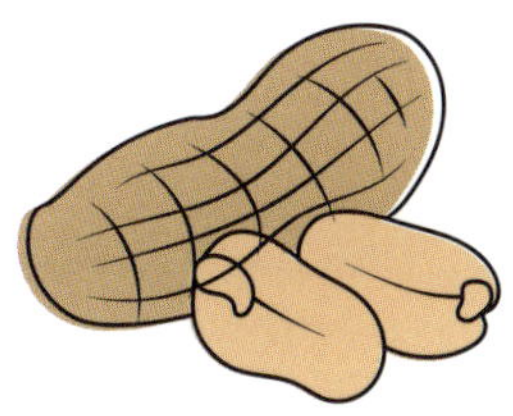

Zubereitung:

1. Heiz den Ofen auf 175 Grad Umluft vor. Vermische alle Zutaten für die Muffins in einer Schüssel. Fette 6 Muffinförmchen ein, verteile den Teig darin und back sie für 15–20 Min.

2. Schneide in der Zwischenzeit das ganze Gemüse klein und brate die Zwiebel, den Knoblauch und den Ingwer zusammen mit den Gewürzen 3–5 Min. in dem Öl an, bevor du das restliche Gemüse dazugibst.

3. Nach weiteren 3 Min. kannst du die Brühe angießen und die Kichererbsen, das Erdnussmus und die Dosentomaten hinzufügen. Rühr alles gut um und schmeck den Eintopf mit Zitronensaft, Salz und Pfeffer ab. Nun kommt der Deckel auf den Topf. Lass den Eintopf 15–20 Min. köcheln, bis die Kartoffeln durch sind.

4. Zum Schluss noch einmal abschmecken und gemeinsam mit den Maisbrot-Muffins servieren.

ENERGIE	PROTEINE	KOHLENHYDRATE	FETT
485 kcal	15 g	55 g	18 g

6 Portionen	35 min	Einfach

ASIATISCHER NUDEL- UND KRAUTSALAT

mit Erdnuss-Tofu

Erdnuss-Tofu:

3 gehäufte EL Erdnussmus
1/2 EL Sojasauce
1/2 TL gem. Ingwer
1/2 TL Knoblauchpulver
Saft einer Limette
1/2 TL Chiliflocken
60 ml Wasser
400 g Tofu
2 EL Agavendicksaft

Nudelsalat:

350 g veg. Mie-Nudeln
2 Frühlingszwiebeln
1/2 Bund Petersilie (oder Koriander)
1 Chili
3 EL Sojasauce
1 Limette
2 EL Sesamöl
1 EL Agavendicksaft

Krautsalat:

1 Spitzkohl
3 Frühlingszwiebeln
3 EL Weißweinessig
2 EL Sojasauce
2 EL Agavendicksaft
ein daumengroßes Stück Ingwer
1 Knoblauchzehe
1 EL Sesamöl
2 EL Sesam (optional)

Sonstiges:

1 großer Kopf Romana-Salat
Chilisauce
Erdnüsse (als Topping)

Zubereitung:

1. Zuerst wird der Krautsalat vorbereitet. Dazu schneidest du den Spitzkohl in feine Streifen und den Ingwer, die Frühlingszwiebeln und den Knoblauch schneidest du klein. Gib das Gemüse in eine große Schüssel und füge die restlichen Zutaten hinzu. Dann einfach gut umrühren und beiseitestellen, damit der Salat gut durchziehen kann.

2. Jetzt den Ofen auf 180 Grad Umluft vorheizen und alle Zutaten für die Erdnusssauce miteinander vermengen. Leg den Tofu auf ein Küchenhandtuch und press ihn leicht aus. Schneide ihn danach in Würfel und vermisch diese mit der Hälfte der Erdnusssauce. Verteile den Tofu auf einem Backblech und backe ihn anschließend für 20 Min.

3. Koch die Nudeln für den Salat nach Packungsanleitung und schneide währenddessen die Frühlingszwiebeln und die Petersilie klein. Gieß die Nudeln ab und gib sie danach in eine Schüssel. Füge die restlichen Zutaten hinzu und vermische alles.

4. Nun kannst du noch die Blätter des Romana-Salat als „Schiffchen" abtrennen und waschen. Sobald der Tofu fertig ist, kannst du ihn in die Schiffchen füllen und mit Chilisauce und Erdnüssen als Topping garnieren. Alles zusammen servieren.

ENERGIE	PROTEINE	KOHLENHYDRATE	FETT
550 kcal	25 g	67 g	17 g

5 Portionen	30 min	Einfach	High Protein

„Butter"-Tofu

MIT SMASHED POTATOES UND FRISCHEM MÖHRENSALAT

„Butter"-Tofu:

2 Blöcke (400 g) Naturtofu
2 EL Maisstärke
Salz und Pfeffer nach Geschmack
1 Zwiebel
1 EL Öl zum Anbraten
2 Knoblauchzehen
ein daumengroßes Stück Ingwer
550 ml Tomatensauce
250 ml Vollfett-Kokosmilch
Saft einer Zitrone
1 EL Garam Masala
1 TL Kurkuma
Salz nach Geschmack
1 TL Chiliflocken
1 TL gemahlener Koriander
1/2 EL Kumin

Smashed Potatoes:

1,3 kg vorwiegend festkochende Kartoffeln
1 EL Öl
etwas Salz und Pfeffer

Frischer Möhrensalat:

1 kg Möhren
3 EL (Sesam-)Öl
3 EL Agavendicksaft
Saft einer Zitrone
1 TL Salz
1 Chili
2 TL gem. Ingwer
1 EL Kumin
2 TL gem. Koriander

Zubereitung:

1. Heiz zuerst den Ofen auf 180 Grad Umluft vor und wasch die Kartoffeln gut ab. Gib diese dann in einen Topf mit Wasser und lass sie gar kochen. In der Zwischenzeit kannst du den Tofu mit einem Küchentuch auspressen, in Stücke reißen und mit der Maisstärke und Salz und Pfeffer vermengen. Gib ihn danach auf ein Backblech und back ihn für 20–25 Min.

2. Für die Sauce schneidest du die Zwiebel, den Knoblauch und den Ingwer in kleine Stücke und brätst sie mit etwas Öl in einer Pfanne an. Nach einigen Minuten kannst du auch die Gewürze dazugeben und für 3–5 Min. mitrösten. Jetzt gibst du noch die Tomatensauce dazu und lässt alles für 10 Min. köcheln.

3. Während die Sauce köchelt, gießt du die Kartoffeln ab. Verteile sie auf einem Backblech und zerdrücke sie leicht mit einem Pfannenwender oder einem Topf. Gib noch etwas Öl sowie Salz und Pfeffer drüber und ab in den Ofen damit. Sie werden nun mit dem Tofu für 15–20 Min. gebacken, bis sie goldbraun sind.

4. Jetzt pürierst du die Sauce entweder mit einem Stabmixer oder in einem Standmixer für 1–2 Min. Gib den gebackenen Tofu, die Kokosmilch und den Zitronensaft zur Sauce in die Pfanne. Am besten noch einmal abschmecken und bei mittlerer Hitze weiterköcheln lassen.

5. Für den Salat raspelst du die Möhren in einer kleinen Küchenmaschine oder von Hand klein und gibst sie in eine große Schüssel. Füge noch die restlichen Zutaten hinzu und mische alles gut durch.

6. Mittlerweile sollten auch die Kartoffeln fertig sein. Serviere sie gemeinsam mit dem Tofu und dem Möhrensalat.

ENERGIE	PROTEINE	KOHLENHYDRATE	FETT
522 kcal	15 g	58 g	22 g

6 Portionen	45 min	Mittel	Glutenfrei

Palak Tofu

MIT INDISCHEM DIP UND CHAPATI

Palak-Sauce:

1 EL Öl zum Anbraten
1 Zwiebel
2 Knoblauchzehen
1 Chili
1 TL gem. Ingwer
1 TL gem. Koriander
1 EL Garam Masala
1 EL Currypulver
Salz nach Geschmack
1/2 TL Kurkuma
Saft einer halben Zitrone
750 g TK-Spinat
200 ml Kokosmilch

Tofu:

400 g Naturtofu
2 EL Speisestärke
eine Prise Salz und Pfeffer

Chapati:

135 g Weizenmehl
1 TL Öl
90 ml Wasser

Indischer Dip:

150 g veg. „Joghurt"
100 g Gurke
3 EL frischer Koriander oder Minze
1 TL Zitronensaft
Salz nach Geschmack

Zubereitung:

1. Heiz den Ofen auf 180 Grad Umluft vor. Press den Tofu mit einem Küchentuch leicht aus. Schneide ihn dann in Stücke, vermische ihn auf einem Backblech mit der Speisestärke sowie mit Salz und Pfeffer und backe ihn für 20 Min.

2. Schneide jetzt die Zwiebel, den Knoblauch und die Chili klein und brate sie in etwas Öl 5–7 Min. an. Gib dann die Gewürze hinzu und röste sie für weitere 3 Min. mit. Gib den Spinat hinzu und lass die Sauce bei mittlerer Hitze köcheln, bis der Spinat komplett aufgetaut ist.

3. In der Zwischenzeit kannst du das Chapati zubereiten, indem du das Wasser, das Öl und das Mehl auf einer bemehlten Arbeitsfläche zu einem weichen Teig verknetest und daraus 4–5 Fladenbrote formst. Für den Dip werden die Gurke geraspelt und der Koriander gehackt und mit den restlichen Zutaten vermengt.

4. Wenn der Spinat komplett aufgetaut ist, wird er entweder mit einem Stab- oder einem Standmixer püriert und anschließend mit der Kokosmilch und dem Zitronensaft abgeschmeckt. Die Fladenbrote werden jetzt in einer Pfanne 3–4 Min. pro Seite angebraten und den gebackenen Tofu kannst du in die Spinatsauce einrühren. Jetzt kann serviert werden.

ENERGIE	PROTEINE	KOHLENHYDRATE	FETT
415 kcal	24 g	29 g	21 g

4 Portionen	35 min	Einfach	High Protein

PERI-PERI-TOFU
mit Gemüsereis

Peri-Peri-Sauce:

2 rote Paprika
1 rote Zwiebel
2 rote Chilis
5 Knoblauchzehen
1 EL Paprikapulver
60 ml Weißweinessig
2 TL Salz
60 ml Olivenöl
1 EL getr. Oregano
1 TL Zitronenschale
1 EL Zitronensaft

Gemüsereis:

1 EL Öl
1 Zwiebel
2 Knoblauchzehen
4 mittelgroße Möhren
2 mittelgroße Zucchini
150 g TK-Erbsen
185 g Reis
500 ml Gemüsebrühe
Schale und Saft einer Limette
1 TL Salz
2 TL Paprikapulver
1/2 TL gem. Koriander

Sonstiges:

400 g Naturtofu
2 EL Agavendicksaft

Zubereitung:

Tipp: Bereite die Sauce am besten im Voraus zu! Sie hält sich ca. 4 Tage lang im Kühlschrank.

1. Zuerst bereitest du die Peri-Peri-Sauce zu. Heiz den Backofen auf 190 Grad Umluft vor. Putz die beiden Paprika und die Zwiebel, halbiere sie und röste sie mit dem Knoblauch für 20–25 Min. im Backofen. Entkerne die Chilis und gib sie mit Öl, Essig, Zitronensaft und -schale, Gewürzen und den gerösteten Zutaten in einen Mixer. Püriere nun alles zu einer Sauce.

2. Füll die Sauce in einen Topf und erhitze sie für ca. 10 Min. bei mittlerer Hitze. Jetzt kannst du den Tofu mit einem Küchenhandtuch leicht auspressen und in größere Stücke reißen. Vermische diese mit ca. der Hälfte der Sauce und mariniere sie für 1 Std.

3. Heiz den Ofen auf 180 Grad Umluft vor und verteile den Tofu auf einem Backblech, gib noch etwas Agavendicksaft darauf und backe ihn für 20–25 Min.

4. Schneide jetzt für den Gemüsereis die Zwiebel, den Knoblauch, die Möhren und die Zucchini klein. Brate alles 5 Min. an, bevor du den Reis, die Gewürze und die Erbsen hinzufügst. Nach weiteren 3–5 Min. wird der Gemüsereis mit der Brühe abgelöscht und mit dem Limettensaft und der Schale verfeinert. Lass den Reis 15–20 Min. mit geschlossenem Deckel köcheln, bis das Wasser verdampft ist. Wenn der Tofu gebacken ist, sollte der Reis auch fertig sein.

Tipp: Ich serviere dieses Gericht gerne mit etwas Kokos- oder Soja-„Joghurt“.

ENERGIE	PROTEINE	KOHLENHYDRATE	FETT
490 kcal	20 g	56 g	17 g

4 Portionen	2 h	Einfach	Glutenfrei

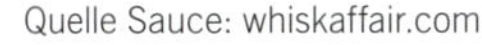
Quelle Sauce: whiskaffair.com

GEBACKENES CHILI
mit Tofu-Bites

Glutenfreie Zubereitung möglich!

Chili:

1 Zwiebel
1 EL Öl
2 Knoblauchzehen
220 g Kidneybohnen aus der Dose
220 g Kichererbsen aus der Dose
Paprika
250 ml Tomatensauce
125 ml Gemüsebrühe
1/2 TL Chiliflocken
1 EL Kumin
2 TL Paprikapulver
1/2 TL Zimt
Salz und Pfeffer nach Geschmack

Topping:

4 mittelgroße Kartoffeln
1/2 EL Öl

Tofu-Bites:

200 g Tofu
1 EL Öl
2 EL Sojasauce (ggf. glutenfrei)
1 TL Kumin
1 TL Paprikapulver
eine Prise Pfeffer

Zubereitung:

1. Schneide zuerst die Paprika, die Zwiebel und den Knoblauch für das Chili klein. Erhitze dann das Öl in einem Topf und brate alles für ca. 5 Min. an. Jetzt kommen die Bohnen, die Kichererbsen, die Tomatensauce, die Gemüsebrühe und die Gewürze dazu. Rühr alles einmal gut um und lass es bei mittlerer Hitze 10–15 Min. köcheln.

2. Heiz den Ofen auf 200 Grad Umluft vor und schneide die Kartoffeln in ganz dünne Scheiben (wie beispielsweise für Kartoffelgratin). Wenn das Chili gekocht ist, kannst du es in eine Auflaufform umfüllen, die Kartoffeln gleichmäßig darauf verteilen und mit etwas Öl bepinseln. Dann kommt das Chili für 20–25 Min. in den Ofen.

3. Nun zu den Tofu-Bites: Den Tofu mit einem Küchentuch leicht auspressen und dann in Stücke reißen. Erhitze das Öl in einer Pfanne und brate die Tofustücke von allen Seiten 3–4 Min. goldbraun an. Lösch sie mit der Sojasauce ab und gib die Gewürze ebenfalls hinzu. Alles gut vermischen und mit dem Chili zusammen servieren.

Tipp: Ich serviere dieses Gericht gerne mit einem Klecks veganen Natur-„Joghurt“ als „Schmand“-Dip.

ENERGIE	PROTEINE	KOHLENHYDRATE	FETT
440 kcal	25 g	46 g	13 g

3 Portionen	40 min	Einfach	High Protein

MALAI KOFTA IN WÜRZIGER TOMATENSAUCE

MIT INDISCHEN GRÜNEN BOHNEN UND GELBEM REIS

„Im Herbst 2018 war ich mit meinem Vater für einige Tage in Barcelona – einer meiner schönsten Urlaube bisher! Tagsüber erkundeten wir, größtenteils zu Fuß, die Stadt und abends kehrten wir in unser Hotel zurück, das sich in einem kleineren Örtchen etwas außerhalb befand.

Überall in der Umgebung gab es natürlich klassische spanische Gerichte wie z. B. Paella. Allerdings waren wir kein einziges Mal in solch einem Restaurant, denn schon am ersten Abend hatte ein kleines indisches Lokal unsere Herzen erobert. In den folgenden vier Tagen waren wir dort dreimal essen und mein absoluter Favorit waren Malai Kofta. Es war so lecker, dass ich zu Hause sofort meine eigene Version draus machen musste.“

Malai Kofta:

340 g Kartoffeln (festkochend)
455 g Naturtofu
40 g Speisestärke
1 TL gem. Ingwer
1 TL Garam Masala
1 TL Chiliflocken
Salz nach Geschmack
2 TL Knoblauchpulver
1 EL Öl zum Anbraten

Tomatensauce:

1 EL Öl
1 Zwiebel
2 Knoblauchzehen
1 TL Chiliflocken
1 TL gem. Ingwer
1 TL Kumin
je 1/2 TL Zimt,
gem. Koriander, Kurkuma
2 TL Garam Masala
400 g gehackte Dosentomaten
250 ml Vollfett-Kokosmilch

Gelber Reis:

185 g Reis
500 ml Wasser
eine Prise Salz
1 TL Kurkuma
1/2 TL Knoblauchpulver

Indische grüne Bohnen:

650 g grüne Bohnen (frisch oder TK)
4 mittelgroße Möhren
1 Zwiebel
1 EL Öl
2 TL Kumin
1 TL gem. Koriander
1 TL gem. Ingwer
1/2 TL Chiliflocken
1 TL Kurkuma
Salz nach Geschmack
50–100 ml Wasser

Zubereitung:

1. Für die Malai Kofta zuerst die Kartoffeln schälen, klein schneiden und weich kochen. Gib sie dann mit allen weiteren Zutaten in eine große Schüssel. Zerstampfe sie und forme aus der Masse kleine Bällchen. Heiz den Ofen auf 180 Grad Umluft vor und brate währenddessen die Bällchen von allen Seiten in etwas Öl an. Dann gibst du sie aufs Backblech und lässt sie 20 Min. im Ofen backen.

2. Als Nächstes alle Zutaten für den Reis in einen Topf geben und auf mittlerer Stufe köcheln lassen, bis das Wasser verdampft ist. In der Zwischenzeit kannst du alles für die Sauce klein schneiden und etwas Öl in einer Pfanne erhitzen. Brate zuerst die Zwiebel und den Knoblauch mit den Gewürzen für etwa 5 Min. an, bevor du die restlichen Zutaten hinzugibst.

3. Pürier die Zutaten für die Sauce entweder in einem Standmixer oder mit einem Pürierstab cremig und lass sie danach auf mittlerer Stufe köcheln. Jetzt werden die Möhren und die Zwiebel für die Bohnenbeilage klein geschnitten. Erhitze etwas Öl in einer Pfanne und brate das geschnittene Gemüse mit den Bohnen und den Gewürzen für 5 Min. an.

4. Gib etwas Wasser zu den Bohnen und lass sie 5–10 Min. köcheln, bis sie bissfest sind.

Mittlerweile sind die Kartoffelbällchen fertig gebacken und können in die Sauce eingerührt werden. Wenn auch der Reis gar ist, kann serviert werden.

Tipp: Ich serviere dieses Gericht immer gerne mit einem Klecks Kokos-„Joghurt“.

ENERGIE	PROTEINE	KOHLENHYDRATE	FETT
475 kcal	16 g	50 g	20 g

6 Portionen	40 min	Mittel	Glutenfrei

Falafel

MIT GERÖSTETEM BLUMENKOHL UND LAVASH-FLADENBROT

Falafel:

440 g Kichererbsen aus der Dose
2 Knoblauchzehen
ein Bund Petersilie
1 TL Salz
eine Prise Pfeffer
2 TL Kumin
1 TL gem. Koriander
3 EL (Kichererbsen-)Mehl
1 EL Öl zum Anbraten
1 Zwiebel

Gerösteter Blumenkohl:

1 großer Kopf Blumenkohl
2 EL Olivenöl
eine Prise Salz und Pfeffer

Lavash-Fladenbrot:

200 g Mehl
125 ml lauwarmes Wasser
eine Prise Salz

Zum Servieren:

Hummus und Tahini (siehe Seite 22)

Zubereitung:

Tipp: Zu diesem Gericht passt mein Rezept für Hummus und Tahini einfach perfekt! Du findest es auf Seite 22.

1. Heiz den Ofen für den Blumenkohl auf 200 Grad Umluft vor. Entferne die Blätter und reibe ihn mit dem Öl, etwas Salz und Pfeffer ein. Leg ihn auf ein Backblech und deck ihn mit Alufolie ab. Back ihn nun für 35–45 Min. bzw. bis er so weich ist, wie du möchtest.

2. Jetzt bereitest du den Teig für das Fladenbrot zu. Verknete dazu einfach das Mehl mit dem Wasser und dem Salz und lass den Teig für 30 Min. ruhen.

3. Wasch jetzt die Kichererbsen mit Wasser ab und schneide die Zwiebel und den Knoblauch in größere Stücke. Zerkleinere die Kichererbsen, die Zwiebel, den Knoblauch und die Petersilie in einer kleinen Küchenmaschine zu einer stückigen Masse.

Achtung: Nicht zu matschig werden lassen!

4. Gib die Masse in eine Schüssel. Füge die Gewürze und das Kichererbsenmehl hinzu und vermenge alles. Forme daraus ca. 1 EL große Falafeln. Jetzt kannst du auch den Fladenbrotteig noch einmal 2–3 Min. kneten und in sechs Stücke teilen. Rolle diese dann dünn aus.

5. Erhitze zwei Pfannen: eine mit Öl, die andere ohne. Brate die Falafeln in der Pfanne mit dem Öl von beiden Seiten goldbraun an. Die Fladenbrote werden in der anderen Pfanne 1–2 Min. pro Seite angebraten.

6. Wenn alles fertig ist, kannst du es mit Hummus und Tahini servieren.

ENERGIE	PROTEINE	KOHLENHYDRATE	FETT
500 kcal	22 g	61 g	12 g

4 Portionen	55 min	Mittel	High Protein

ORIENTALISCHE
Linsenbällchen
MIT GEBACKENEN MÖHREN UND PILAW

Linsenbällchen:

1 Zwiebel
2 Knoblauchzehen
220 g braune Linsen aus der Dose
2 EL Tomatenmark
75 g Kichererbsenmehl
(oder ein anderes Mehl)
Salz und Pfeffer nach Geschmack
1 TL Kumin
1/2 TL Zimt
1 TL gem. Koriander
1/2 TL gem. Ingwer
eine Handvoll frische Petersilie

Sauce:

1 EL Öl
1 Zwiebel
3 Knoblauchzehen
1 TL Kurkuma
1/2 TL Zimt
250 ml Gemüsebrühe
400 g gehackte Tomaten aus der Dose

Gebackene Möhren:

750 g Möhren
1 EL Olivenöl
1 TL Kumin
1 TL Paprikapulver
1/4 TL Zimt
1/4 TL Kurkuma
Salz und Pfeffer nach Geschmack
Saft einer halben Zitrone
2 EL Agavendicksaft

Pilaw:

1 EL Öl
1 Zwiebel
1/2 TL Kumin
1/2 TL Zimt
Salz und Pfeffer nach Geschmack
245 g Reis
620 ml Gemüsebrühe
50 g Rosinen
25 g gehobelte Mandeln

Zubereitung:

1. Schäl zuerst die Möhren und schneide sie in Wedges. Koch sie anschließend in ausreichend Wasser 5–10 Min. bissfest. Heiz in der Zwischenzeit den Ofen auf 180 Grad Ober-/Unterhitze vor und vermenge die gekochten Möhren mit dem Öl, dem Zitronensaft, den Gewürzen und dem Agavendicksaft.

2. Backe die Möhren nun für 25–30 Min. Jetzt kannst du die Linsen, den Knoblauch und die Zwiebel in einer kleinen Küchenmaschine zerkleinern und in einer Schüssel mit den restlichen Zutaten für die Linsenbällchen zu einem Teig verkneten. Forme daraus ca. 1 EL große Bällchen und backe sie ebenfalls für 20 Min.

3. Mach als Nächstes den Pilaw. Dafür schneidest du die Zwiebel klein und brätst sie zusammen mit den Gewürzen in etwas Öl an. Gib dann den Reis hinzu und brate ihn ebenfalls einige Minuten an. Lösch nun alles mit der Gemüsebrühe ab und lass den Reis 15–20 Min. köcheln.

4. Jetzt kannst du die Zwiebel und den Knoblauch für die Sauce klein schneiden. In etwas Öl glasig anbraten und danach die restlichen Zutaten untermischen. Lass die Sauce bei mittlerer Hitze 10 Min. köcheln. Sobald die Bällchen fertig gebacken sind, kannst du sie in die Sauce einrühren.

5. Wenn der Reis fertig gekocht ist, kannst du die Rosinen und die gehobelten Mandeln unterheben. Serviere nun den Pilaw mit den gebackenen Möhren und den Linsenbällchen.

Tipp: Ein Klecks veganer „Joghurt" passt super dazu.

ENERGIE	PROTEINE	KOHLENHYDRATE	FETT
480 kcal	15 g	76 g	8 g

5 Portionen	60 min	Mittel	Glutenfrei

Veganes „Chick'n"-Curry

MIT BLITZ-NAAN

„Chick'n":

110 g Kichererbsen aus der Dose
45 ml Wasser
1 TL Brathähnchen-Gewürz
1 TL Salz
1 TL Knoblauchpulver
95 g Seitan-Fix
750 ml Gemüsebrühe

Blitz-Naan:

210 g Mehl
1 TL Backpulver
eine Prise Salz
210 g veg. „Joghurt"

Curry:

1 EL Öl
1 Zwiebel
2 Knoblauchzehen
ein daumengroßes Stück Ingwer
1 Paprika
1 Kopf Brokkoli
2 mittelgroße Möhren
3 EL Tomatenmark
1 EL Currypulver
1 EL Kumin
1 TL gem. Koriander
1/2 TL Chiliflocken
Salz nach Geschmack
400 ml Vollfett-Kokosmilch
125 ml Gemüsebrühe
Saft einer halben Zitrone

Zubereitung:

1. Bereite zuerst das „Chick'n" zu. Mixe dazu zunächst die Kichererbsen, das Wasser und die Gewürze in einem Mixer. Gib die Masse danach zu dem Seitan-Fix in eine Schüssel und verknete alles zu einem Teig. Jetzt kannst du diesen Teig entweder 10 Min. gut durchkneten oder in einer kleinen Küchenmaschine mit dem Schneidemesser-Aufsatz 1–2 Min. zerkleinern.

2. Lass den fertigen Teig nun 10–15 Min. ruhen und teile ihn danach in zwei Teile. Forme daraus längere Rollen, verdrehe jeweils das Ende und den Anfang der Rollen in entgegengesetzte Richtungen und verknote sie.

3. Brate die beiden Knoten in einem Topf pro Seite 2–3 Min. an, bevor du die Brühe hinzufügst und sie ca. 50 Min. schwach köcheln lässt. Sobald das „Chick'n" fertig gekocht ist, kannst du es auf einen Teller legen und in den Kühlschrank stellen, bis es abgekühlt ist.

Tipp: Bereite das „Chick'n" am besten schon im Voraus vor. Wenn es schnell gehen muss, kannst du es auch mit Tofu oder einem gekauften Fleischersatzprodukt ersetzen.

4. Reiß das abgekühlte „Chick'n" mit einer Gabel oder mit den Händen in Streifen. Nun kannst du das Gemüse für das Curry klein schneiden und die Zwiebel, den Knoblauch und den Ingwer für einige Minuten in dem Öl anbraten.

5. Gib als Nächstes die restlichen Zutaten dazu und lass das Curry 10–15 Min. köcheln, während du alle Zutaten für das Naan verknetest. Forme daraus sechs dünne Fladenbrote und brate diese von beiden Seiten bei mittlerer Hitze goldbraun an.

6. Zuletzt rührst du das „Chick'n" in das Curry ein. Schmeck es noch mal ab und serviere es zusammen mit dem Naan.

ENERGIE	PROTEINE	KOHLENHYDRATE	FETT
491 kcal	26 g	48 g	18 g

5 Portionen	1 h 40 min	Mittel	High Protein

KARIBISCHE JACKFRUIT

MIT SÜSS-SCHARFEM SALAT UND BOHNENREIS

„Im Sommer 2020 bekamen wir eine neue Küche. Eigentlich ein Grund zur Freude, doch leider mussten wir deshalb vier Monate auf zwei alten Kochplatten ohne Dunstabzugshaube kochen. Ich wollte zu dieser Zeit ein karibisches Rezept probieren und hatte im Internet gelesen, dass karibisch kochen ohne Habanero-Chilis nicht das Gleiche sei.

Also bin ich los, hab welche gekauft und direkt losgelegt. Als ich dann die Habanero in den Topf warf, um sie kurz anzubraten, füllte sich plötzlich das ganze Zimmer mit Dämpfen. Die waren so scharf, dass ich sofort husten musste und mir die Augen tränten. Zu unserem Glück lag der Sommer 2020 mitten im Pandemie-Geschehen – also hatten wir genug Masken zu Hause, um trotz der scharfen Dämpfe kochen zu können.

Übrigens: Anfangs wollte ich vorsichtig sein und nur eine halbe Habanero verwenden. Ich hab dann wegen meiner Mutter allerdings doch eine ganze benutzt und ich glaube, das war das schärfste Gericht, das ich jemals gegessen habe.

Fazit: Ich bleibe künftig bei normalen Chilis.“

Glutenfreie Zubereitung möglich!

Karibische Jackfruit:

450 g Jackfruit aus der Dose
1 EL Öl zum Anbraten
1 Zwiebel
2 Knoblauchzehen
ein daumengroßes Stück Ingwer
1 Chili
1 Paprika
1 TL Zimt
1/2 TL Muskat
2 EL Sojasauce (oder Tamari als glutenfreie Alternative)
5 EL Tomatenmark
4 EL Agavendicksaft oder Zucker
125 ml Multi-Saft
Saft einer Limette
Salz und Pfeffer nach Geschmack
1 TL getr. Thymian

Bohnenreis:

185 g Reis
500 ml Wasser
220 g Kidneybohnen aus der Dose
eine Prise Salz
3 Stängel frischer Thymian

Süß-scharfer Salat:

1 Kochbanane + 1 TL Öl zum Anbraten
1 rote Zwiebel
2 Paprika
1/2 Gurke
Saft einer Limette
1 EL Sojasauce
2 EL Agavendicksaft
1 TL Chiliflocken
1/2 TL gem. Ingwer
1 EL Olivenöl

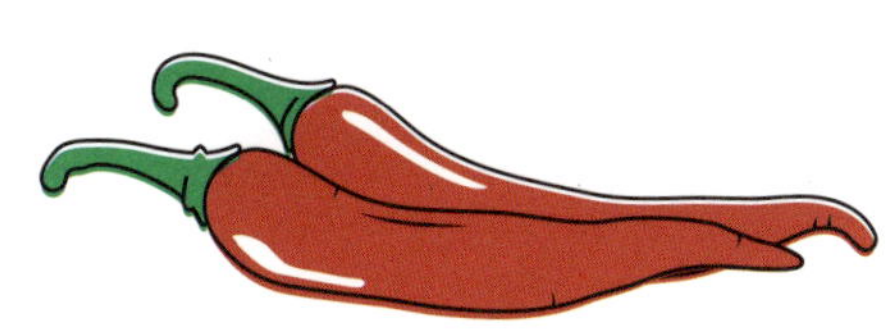

Zubereitung:

1. Beginne mit dem Bohnenreis. Gib alle Zutaten für den Reis in einen Topf und koch sie für 15–20 Min., bis das ganze Wasser verdampft ist. Für die Zubereitung der Jackfruit gießt du sie ab, gibst sie in ein Küchenhandtuch und drückst so viel Wasser wie möglich aus. Schneide nun Zwiebel, Knoblauch, Chili, Ingwer und Paprika klein und erhitze das Öl in einem Topf.

2. Brate zuerst die geschnittenen Zutaten für 5 Min. an, bevor du die Jackfruit und Zimt, Muskat und getrockneten Thymian hinzufügst. Nach weiteren 5 Min. kannst du die restlichen Zutaten in den Topf geben. Jetzt alles gut umrühren und bei mittlerer Hitze weitere 15 Min. köcheln lassen.

3. Nun zum Salat: Schneide die Kochbanane in ca. 2 cm dicke Scheiben, brate sie von beiden Seiten in etwas Öl goldbraun an und leg sie danach auf ein Küchentuch. Schneide das restliche Gemüse klein und mische parallel Limettensaft, Sojasauce, Agavendicksaft, Chiliflocken, gemahlenen Ingwer und Olivenöl an.

4. Vermenge das ganze Gemüse, die gebratene Kochbanane und das Dressing in einer Schüssel und serviere den Salat mit dem Bohnenreis und der Jackfruit.

ENERGIE	PROTEINE	KOHLENHYDRATE	FETT
505 kcal	12 g	88 g	4 g

4 Portionen	35 min	Einfach

Quelle: avantgardevegan.com

Gefüllte Aubergine

MIT FLUFFIGEM COUSCOUS UND TAHINI-„JOGHURT"-DIP

Glutenfreie Zubereitung möglich!

Gefüllte Aubergine:

3 mittelgroße Auberginen
1 EL Öl
1 Zwiebel
2 Knoblauchzehen
300 g Naturtofu
3 EL Sojasauce
1 EL Kumin
2 TL Räucherpaprika
Salz nach Geschmack
1 TL Chiliflocken
3 EL Tomatenmark
375 g Tomatensauce
1 TL gem. Koriander
250 g Tomatensauce (für die Auflaufform)

Topping:

65 g Mandeln
(oder Walnüsse oder Cashews)
2 EL Hefeflocken

Couscous:

150 g Couscous
(Quinoa oder Reis für eine glutenfreie Version)
300 ml heißes Wasser
50 g Datteln
1 Tomate
Saft und Schale einer halben Zitrone
Salz nach Geschmack

Tahini-„Joghurt"-Dip:

150 g veg. „Joghurt"
2 EL Tahini
1 EL Petersilie
1/2 TL Knoblauchpulver
Salz und Pfeffer nach Geschmack
2 TL Zitronensaft
2 EL Wasser

Zubereitung:

1. Heiz den Ofen auf 200 Grad Ober-/Unterhitze vor. Wasche und halbiere die Auberginen und höhle sie aus. Leg die Auberginenhälften auf ein Backblech und back sie für 20 Min. Schneide sowohl das ausgehöhlte „Fleisch" der Aubergine als auch den Knoblauch und die Zwiebel klein. Das Öl in einer Pfanne erhitzen und Aubergine, Knoblauch und Zwiebel 5 Min. scharf anbraten.

2. Krümle danach den Tofu in die Pfanne und lösche alles mit der Sojasauce ab. Jetzt kannst du auch die restlichen Zutaten hinzufügen, alles gut vermengen und bei mittlerer Hitze ca. 10 Min. köcheln lassen. Zerkleinere in der Zwischenzeit die Nüsse und die Hefeflocken für das Topping.

3. Als Nächstes kannst du den Boden einer Auflaufform mit der Tomatensauce bedecken, die gebackenen Auberginen darin platzieren und mit der Füllung befüllen. Verteil noch ca. 1 EL Topping auf jeder Aubergine und back sie anschließend für weitere 25 Min.

4. Bedecke währenddessen den Couscous mit dem heißen Wasser und lass ihn 5–10 Min. ziehen. Schneide die Datteln und die Tomate in kleine Stücke und vermenge sie danach mit dem Couscous und der Zitrone und schmeck alles mit Salz ab. Für den Dip hackst du die Petersilie und vermischst die Zutaten zu einer cremigen Sauce.

5. Sobald die Auberginen fertig gebacken sind, kannst du sie mit dem Dip und dem Couscous servieren.

ENERGIE	PROTEINE	KOHLENHYDRATE	FETT
471 kcal	23 g	48 g	17 g

6 Portionen	60 min	Mittel

Blumenkohl-„Steak“

MIT OFENKARTOFFELN UND WARMEM KICHERERBSEN-TOMATEN-SALAT

Glutenfreie Zubereitung möglich!

Kichererbsen-Tomaten-Salat:

220 g Kichererbsen aus der Dose
250 g Rispentomaten
1 EL Olivenöl
1 TL Salz
eine Prise Pfeffer
1 TL getr. Oregano
1/2 TL getr. Basilikum

Ofenkartoffeln:

1,3 kg Kartoffeln (festkochend)
1 EL Olivenöl
1 TL Salz
eine Prise Pfeffer
eine kleine Handvoll frischer Rosmarin

Blumenkohl-„Steaks“:

1 großer oder 2 kleine Köpfe Blumenkohl
40 g veg. „Butter“ oder Margarine
1/2 TL Salz
1 TL Kumin
1 TL Knoblauchpulver
1 TL Paprikapulver
3/4 TL Chiliflocken
3–4 EL Wasser zum Verdünnen
1 EL Tomatenmark
Saft einer halben Zitrone
ein trockenes Brötchen
(oder 65 g Semmelbrösel/
glutenfreies Brötchen)

Zubereitung:

1. Heiz den Ofen auf 200 Grad Umluft vor. Schäl und halbiere die Kartoffeln und koch sie danach in Salzwasser für 10–15 Min. bissfest.

Tipp: Wenn die Kartoffeln eine schöne Schale haben, kannst du sie auch waschen, statt zu schälen, und sie mit der Schale zubereiten!

Schneide den Blumenkohl in Scheiben. Am Anfang und Ende wird er wahrscheinlich in Röschen zerfallen, aber das macht nichts. Koch ihn ebenfalls für 4–5 Min. in Salzwasser.

2. Nun kannst du für den Blumenkohl die vegane „Butter“ mit den Gewürzen, dem Zitronensaft und dem Wasser zu einer Creme vermengen und das Brötchen zu Krümeln zerkleinern. Leg die gekochten Blumenkohlscheiben auf ein Backblech, bestreiche sie von beiden Seiten mit der Creme und verteile auf der Oberseite ein paar Brotkrümel.

3. Gieß die Kartoffeln ab und gib als Nächstes das Öl und die Gewürze dazu. Vermische alles gut und verteile sie anschließend auf einem Backblech. Nun kannst du die Tomaten und Kichererbsen waschen und in einer Auflaufform mit den restlichen Zutaten für den Salat vermischen.

4. Jetzt wird alles zusammen für 20–25 Min. gebacken, danach kann serviert werden.

ENERGIE	PROTEINE	KOHLENHYDRATE	FETT
580 kcal	16 g	76 g	18 g

4 Portionen	50 min	Einfach

LINSEN-„GULASCH“
mit Kartoffelpüree und Brokkoli

Glutenfreie Zubereitung möglich!

Linsen-„Gulasch“:

- 1 EL Öl
- 2 Zwiebeln
- 2 Knoblauchzehen
- 3 mittelgroße Möhren
- 80 ml Rotwein (Achtung: es gibt auch nicht veganen Wein)
- 2 EL Sojasauce (oder Tamari als glutenfreie Alternative)
- 500 ml Gemüsebrühe
- 3 EL Tomatenmark
- 1 TL Salz
- 1/2 EL Räucherpaprika
- Pfeffer nach Geschmack
- 1 EL frischer Rosmarin
- 250 ml Pflanzendrink
- 440 g braune Linsen aus der Dose

Kartoffelpüree:

- 1,2 kg Kartoffeln (festkochend)
- Salz und Pfeffer nach Geschmack
- 1/2 TL Muskat
- 250 ml Pflanzendrink

Brokkoli:

- 2 Köpfe Brokkoli
- 1 TL Sesamöl
- 2 TL Agavendicksaft
- Schale einer halben Zitrone
- Salz nach Geschmack

Zubereitung:

1. Schneide zuerst die Zwiebeln, den Knoblauch und die Möhren für die Sauce in größere Stücke. Brate alles für 5–7 Min. in dem Öl an, bis die Zwiebeln glasig sind. Gib dann das Tomatenmark dazu und lösch es mit dem Rotwein ab. Rühr die Sauce gut um und füge die Gewürze, die Sojasauce sowie die Gemüsebrühe hinzu. Lass die Sauce dann für 15 Min. köcheln.

2. Schäle und schneide in der Zwischenzeit die Kartoffeln und koche sie in Salzwasser weich. Sobald die Möhren durch sind, kannst du den Pflanzendrink zur Sauce dazugeben und diese pürieren. Rühr nun die Linsen ein und lass alles bei geringer Hitze köcheln.

3. Schneide als Nächstes den Brokkoli in Röschen und koch ihn für 7–10 Min. in Salzwasser. Gieß dann sowohl den Brokkoli als auch die Kartoffeln ab. Vermisch den Brokkoli mit den restlichen Zutaten. Nun kannst du die Kartoffeln mit einem Kartoffelstampfer zerstampfen und die Gewürze und den Pflanzendrink untermengen. Jetzt kann serviert werden.

ENERGIE	PROTEINE	KOHLENHYDRATE	FETT
462 kcal	22 g	66 g	6 g

5 Portionen	40 min	Einfach	High Protein

Ⓟ High Protein (Glutenfrei-Symbol) Glutenfrei

Süßes

„2019 war meine Schwester nach dem Abitur mit ein paar Freunden in Tel Aviv. Und sie brachte nicht nur schöne Fotos, sondern auch ein superleckeres Dessert zurück nach Hause. Es schmeckt sommerlich, fruchtig und ist einfach der perfekte Abschluss für einen gemütlichen Grillabend. Unbedingt ausprobieren!“

Malabi

ORIENTALISCHER „MILCH"-PUDDING MIT ROSENWASSER

Malabi:

250 ml Pflanzendrink
250 ml Vollfett-Kokosmilch
4 EL Zucker
1 TL Vanille-Extrakt
50 g Speisestärke
1–2 EL Rosenwasser
(nach Geschmack)

Beerensauce:

100 g TK-Beeren
(am besten Erdbeeren)
2 EL Agavendicksaft
2 TL Rosenwasser

Zubereitung:

1. Vermische zuerst die Speisestärke mit 5 EL des Pflanzendrinks. Gib den restlichen Pflanzendrink, die Kokosmilch, den Zucker, die Vanille und das Rosenwasser in einen Topf, verrühre alles gut miteinander und bring die Mischung zum Kochen. Stell, sobald sie kocht, die Temperatur etwas runter und rühr die Speisestärke ein. Nach 1–2 Min. ständigem Rühren sollte der Pudding angedickt sein. Füll ihn in vier Gläschen und stell ihn für ca. 1 Std. kalt.

2. Jetzt zur Beerensauce: Taue dazu die gefrorenen Beeren in einem Topf bei mittlerer Hitze auf. Gib nun auch den Agavendicksaft und das Rosenwasser hinzu. Püriere alle Zutaten zu einer feinen Sauce.

3. Wenn die Pudding-Gläschen lange genug im Kühlschrank waren, kannst du sie entweder auf einen Teller stürzen oder direkt im Glas mit der Beerensauce servieren.

Tipp: Das Rosenwasser findet man in türkischen Supermärkten. Sollte dir der Geschmack zu intensiv sein oder nicht schmecken, kannst du es auch weglassen. Es gibt dem Malabi aber seinen typischen Geschmack. Wenn du magst, kannst du also die Menge einfach reduzieren oder – bei Bedarf – auch erhöhen.

ENERGIE	PROTEINE	KOHLENHYDRATE	FETT
275 kcal	3 g	32 g	15 g

4 Portionen	1 h 10 min	Einfach	Glutenfrei

IDIOTENSICHERE Schokoschnecken

Teig:

440 g Mehl
7 g (1 Päckchen) Trockenhefe
250 ml Pflanzendrink
4 EL Zucker

Füllung:

95 g veg. Schokocreme

Zubereitung:

1. Vermische das Mehl, die Trockenhefe, den Zucker und den Pflanzendrink in einer Schüssel miteinander und verknete alles zu einem weichen Teig. Deck ihn ab und lass ihn an einem warmen Ort 1–2 Std. gehen.

2. Heiz den Ofen auf 180 Grad Ober-/Unterhitze vor und roll den Teig aus. Verteil die Schokocreme gleichmäßig darauf. Roll den Teig auf und schneide ihn in 11 gleich große Stücke.

3. Leg die Schnecken in eine Backform und back sie für 15–20 Min., bis sie goldbraun sind.

ENERGIE	PROTEINE	KOHLENHYDRATE	FETT
210 kcal	6 g	34 g	4 g

11 Schnecken	2 h – 2 h 30 min	Einfach

Veganer „Käsekuchen“

Glutenfreie Zubereitung möglich!

Boden:

100 g Mehl
(auch glutenfrei möglich)
60 g Agavendicksaft
(oder eine andere flüssige Süße)
3 EL weiche Margarine
(oder Nussmus)
1 TL Backpulver

Füllung:

750 g veg. „Joghurt“
60 g Speisestärke
150 g Zucker
1 TL Vanille-Extrakt
Saft einer halben Zitrone

Zubereitung:

1. Heiz den Ofen auf 180 Grad Ober-/Unterhitze vor. Gib das Mehl und den Agavendicksaft in eine Schüssel. Füge die Margarine und das Backpulver hinzu und verknete die Zutaten für den Boden zu einem Teig.

2. Für die Füllung vermengst du den veganen „Joghurt“, die Speisestärke und den Zucker in einer separaten Schüssel. Das Vanille-Extrakt und der Zitronensaft geben dem Ganzen eine aromatische Note. Verrühre alles mit einem Schneebesen zu einer glatten Masse.

3. Fette eine 23 cm große Springform ein, gib den Teig in die Form und verteil ihn mit den Händen, bis der ganze Boden bedeckt ist. Dann gibst du die Füllung hinein und streichst sie glatt. Back den Kuchen jetzt für ca. 50 Min. im Backofen. Wenn der Kuchen fertig ist, lass ihn komplett auskühlen.

Mein Tipp: Man kann den „Käsekuchen“ super mit frischem Obst oder Fruchtmarmelade servieren.

ENERGIE	PROTEINE	KOHLENHYDRATE	FETT
226 kcal	6 g	36 g	5 g

8 Portionen	1 h 15 min	Einfach

Erdbeerkuchen

Teig:

225 g Mehl
175 g Zucker
1/2 Päckchen Backpulver
1 TL Vanille-Extrakt
250 ml Sprudel
100 ml neutrales Öl

Creme:

300 g veg. „Joghurt"
25 g Vanille-Puddingpulver
4 EL Zucker

Sonstiges:

300 g frische Erdbeeren
Öl zum Einfetten der Form

Zubereitung:

1. Heiz den Ofen auf 180 Grad Ober-/Unterhitze vor und vermische die trockenen und die feuchten Zutaten für den Teig in je einer separaten Schüssel. Gib dann die feuchten Zutaten in die Schüssel mit den trockenen Zutaten und verrühre alles vorsichtig, bis ein glatter Teig entsteht. Fette eine 23 cm große Springform gut ein und fülle den Teig dort hinein.

2. Back den Boden für 30 Min. und lass ihn danach mind. 10 Min. auskühlen, bevor du ihn aus der Form löst. Vermische in der Zwischenzeit die Zutaten für die Creme in einem Topf und erhitze sie unter ständigem Rühren für ca. 5 Min., bis sie angedickt ist.

3. Löse den abgekühlten Boden aus der Form und verteil die Creme darauf. Wasche und halbiere die Erdbeeren und leg sie auf die Creme. Lass die Creme noch komplett abkühlen, bevor du den Kuchen anschneidest.

Tipp: Du kannst diesen Kuchen auch abwandeln, indem du andere Beeren/ Früchte oder Schoko- statt Vanillepudding nimmst!

ENERGIE	PROTEINE	KOHLENHYDRATE	FETT
240 kcal	4 g	33 g	9 g

12 Portionen	50 min	Einfach

„Dieses Rezept ist eine kleine Hommage an meine Oma. Sie kann nämlich den weltbesten Hefezopf backen! Natürlich ist die ursprüngliche Version alles andere als vegan, aber sie hat sich extra für mich die Mühe gemacht, viel herumprobiert und ihr eigenes Rezept „veganisiert". Ich finde, dass man wirklich überhaupt keinen Unterschied zur ursprünglichen Version schmeckt!"

Hefezopf

Hefezopf:

275 g Mehl
10 g frische Hefe (oder 4 g Trockenhefe)
85 ml Pflanzendrink
3 EL Zucker
45 g Margarine (Zimmertemperatur)
1 EL Ei-Ersatz + 3 EL Sprudel

Zum Bepinseln:

1 EL Pflanzendrink
1 EL Agavendicksaft

Optional:

1 TL Zitronenabrieb oder
1 TL Vanille-Mark

Zubereitung:

1. Zuerst erwärmst du den Pflanzendrink leicht (!) und rührst anschließend die Hefe ein. Nun kannst du den Ei-Ersatz mit dem Sprudel schaumig rühren und beiseitestellen. Vermische als Nächstes das Mehl und den Zucker, füge dann den Pflanzendrink-Hefe-Mix, die Margarine, den Ei-Ersatz und optional noch etwas Zitronenabrieb oder Vanille hinzu.

Tipp: Den veganen Ei-Ersatz findest du in den meisten Supermärkten und Drogerien.

2. Verknete alle Zutaten zu einem Teig und lass ihn dann zugedeckt 30–60 Min. ruhen. Danach kannst du ihn in drei gleich große Stücke teilen und diese zu längeren Rollen formen. Flechte die Stränge gleichmäßig und ohne viel Kraftaufwand zu einem Zopf und drück die Enden leicht zusammen.

3. Lass den Zopf für 1–2 Std. gehen und heiz dann den Ofen auf 180 Grad Ober-/Unterhitze vor. Vermische in der Zwischenzeit den Pflanzendrink mit dem Agavendicksaft. Bepinsel damit den Zopf und back ihn für 25–30 Min.

Tipp: Ich serviere den Hefezopf gerne noch leicht warm und mit etwas veganer Schokocreme. So schmeckt er mir am besten!

ENERGIE	PROTEINE	KOHLENHYDRATE	FETT
150 kcal	4 g	22 g	4 g

10 Scheiben	3 h 20 min	Mittel

Banana Split im Glas

Kuchen:

30 g Mehl
15 g Back-Kakao
1 TL Backpulver
3 EL Zucker oder Agavendicksaft
2 TL Öl
60 ml Sprudel

Creme:

150 g veg. „Joghurt"
4 EL Agavendicksaft oder Zucker
1 1/2 EL Speisestärke
1 TL Vanille-Extrakt

Sonstiges:

1 große oder 2 kleine Bananen in Scheiben

Zubereitung:

1. Heiz zuerst den Ofen auf 175 Grad Ober-/Unterhitze vor und vermische das Mehl, den Kakao, das Backpulver, die Süße, das Öl und den Sprudel in einer kleinen Backform. Back den Kuchen dann für 10–15 Min. In der Zwischenzeit kannst du den veganen „Joghurt", den Agavendicksaft, die Speisestärke und die Vanille in einem Kochtopf verrühren.

2. Koch die Creme bei mittlerer Hitze unter ständigem Rühren 5–7 Min., bis sie angedickt ist. Hol den Kuchen aus dem Ofen, lass ihn etwas abkühlen und zerkrümel ihn dann mit einer Gabel. Schichte nun die Kuchenkrümel, etwas Creme und abschließend ein paar Bananenscheiben in 3 Gläser.

3. Genieße sie sofort oder stelle sie in den Kühlschrank. Dort halten sie sich etwa 2 Tage.

ENERGIE	PROTEINE	KOHLENHYDRATE	FETT
265 kcal	4 g	48 g	6 g

3 Portionen	25 min	Einfach

Apfelkuchen

Apfelkuchen:

270 g Mehl
30 g Puddingpulver Vanille
150 g Zucker
16 g Backpulver
100 ml neutrales Öl (z. B. Rapsöl)
250 ml Pflanzendrink
1 TL Zitronensaft
2 Äpfel

Sonstiges:

Öl zum Einfetten der Form

Optional:

etwas Puderzucker

Zubereitung:

1. Heiz den Ofen auf 180 Grad Ober-/Unterhitze vor. Vermisch das Mehl, das Puddingpulver, den Zucker und das Backpulver in einer Rührschüssel. Verrühre in einer separaten Schüssel das Öl, den Pflanzendrink und den Zitronensaft. Nun kannst du die feuchten Zutaten zu den trockenen hinzugeben und alles gut verrühren.

2. Schneide die Äpfel in Schnitze und heb sie unter den Teig. Fette eine 25 x 10 cm große Backform ein und verteil den Teig darin. Nun wird der Kuchen für 40–45 Min. gebacken. Lass ihn danach abkühlen und verziere ihn gegebenenfalls mit etwas Puderzucker.

ENERGIE	PROTEINE	KOHLENHYDRATE	FETT
172 kcal	2 g	23 g	7 g

16 Portionen	60 min	Einfach

„Dieses Gericht gab es in meiner Kindheit meiner Meinung nach leider viel zu selten. Denn es gab Kaiserschmarrn immer nur dann, wenn mein Vater mittags nicht zu Hause war. Da er Lehrer ist, kam das allerdings nicht allzu oft vor.

Warum das so war? Weil man für fünf Personen mehr als zwei Pfannen gebraucht hätte, um alle satt zu bekommen, und das war nicht so ohne Weiteres möglich. Dafür war es dann umso schöner, wenn endlich wieder ein Tag kam, an dem meine Mutter ihren fluffigen Kaiserschmarrn zubereitete.

Mein Rezept ist eigentlich genau das Rezept, das sie auch immer gemacht hat. Nur benutze ich statt Ei als vegane Alternative Kichererbsenwasser und Apfelmus.“

Mamas Kaiserschmarrn

Kaiserschmarrn:

Kichererbsenwasser aus einer 220-g-Dose Kichererbsen
1/2 TL Backpulver +
1/2 TL Speisestärke
250 ml Pflanzendrink
1 TL Backpulver
5 EL Zucker
180 g Weizenmehl
2 EL Apfelmus oder eine zerdrückte Banane
2 EL Öl zum Anbraten

Zum Servieren:

Apfelmus und Puderzucker

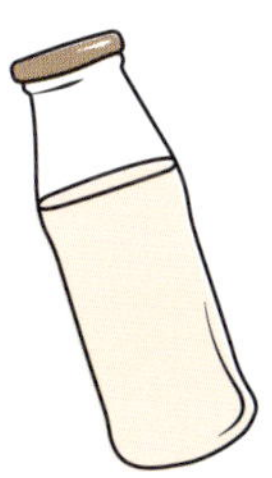

Zubereitung:

1. Schlage mit einem Handrührgerät zuerst das Kichererbsenwasser (auch Aquafaba genannt) mit 1/2 TL Backpulver und der Stärke auf, bis es standfest ist. Vermische in einer anderen Schüssel 1 TL Backpulver mit dem Zucker, dem Mehl, dem Pflanzendrink und wahlweise Apfelmus oder zerdrückter Banane.

Tipp: Das Apfelmus bzw. die Banane nutze ich als Ei-Ersatz. Probier beide Varianten aus und verwende in Zukunft das, was dir besser schmeckt.

2. Hebe das aufgeschlagene Aquafaba vorsichtig unter, bis du einen homogenen, fluffigen Teig hast. Erhitze dann das Öl in einer Pfanne und gib den Teig hinein.

Tipp: Back den Kaiserschmarrn in zwei Touren ab, sonst ist die Pfanne zu voll. Die schon fertigen Portionen kannst du im Backofen warm halten.

Brate den Kaiserschmarrn für 5–7 Min. bei mittlerer Hitze, bevor du ihn wendest. Die zweite Seite wird auch für ca. 5 Min. goldgelb gebraten.

3. Jetzt kannst du ihn ganz klassisch mit einem Pfannenwender in viele kleinere Stücke teilen. Serviere den Kaiserschmarrn mit Apfelmus und Puderzucker.

ENERGIE	PROTEINE	KOHLENHYDRATE	FETT
295 kcal	7 g	44 g	8 g

4 Portionen	15 – 30 min	Mittel

Kokosbällchen

Kokosbällchen:

65 g Kokosraspel
75 g Haferflocken
4 EL Agavendicksaft
2 EL Vollfett-Kokosmilch
1 TL Vanille-Extrakt

Zum Rollen (optional):

1 EL Back-Kakao
2 EL Kokosflocken
2 EL Himbeerpulver

Zubereitung:

1. Gib die Kokosraspel, die Haferflocken, den Agavendicksaft, die Kokosmilch und das Vanille-Extrakt in einen Mixer. Mixe alles zu einem leicht feuchten Teig. Forme daraus dann 8 Bällchen. Wenn du möchtest, kannst du diese dann in etwas Kakaopulver, in Himbeerpulver oder in Kokosflocken wälzen.

2. Du kannst die Bällchen entweder sofort genießen oder sie für 30 Min. in den Kühlschrank stellen. Dort werden sie noch etwas fester.

Tipp: Im Kühlschrank halten sich die Kokosbällchen 4–5 Tage. Um sie proteinreicher zu machen, kannst du die Haferflocken durch Proteinpulver ersetzen.

ENERGIE	PROTEINE	KOHLENHYDRATE	FETT
123 kcal	2 g	10 g	7 g

8 Bällchen	10 min	Einfach	Glutenfrei

Quelle: avocadocentric.com

Hafer-Küchlein mit warmen Beeren

Küchlein:

200 g Haferflocken
80 g Zucker
1 TL Backpulver
1 TL Zimt
3 EL Erdnussmus oder Öl
250 ml Pflanzendrink
Abrieb einer halben Limette
1 TL Vanille-Extrakt

Warme Beeren:

200 g TK-Erdbeeren
1 EL Agavendicksaft

Sonstiges:

Öl zum Einfetten der Form

Zubereitung:

1. Heiz den Ofen auf 175 Grad Umluft vor und zerkleinere die Haferflocken in einem Mixer zu Hafermehl. Jetzt vermischst du das Hafermehl, den Zimt, den Zucker und das Backpulver in einer Schüssel und rührst anschließend die restlichen Zutaten ein.

2. Fette ein Muffinblech ein (oder verwende Muffinförmchen) und verteil den Teig auf 11–12 Förmchen. Backe die Küchlein dann für 15–20 Min. Erwärme währenddessen die Erdbeeren in einem kleinen Topf, bis sie vollständig aufgetaut sind. Gib den Agavendicksaft hinzu und zerdrücke alles mit einem Kartoffelstampfer.

3. Lass die Küchlein kurz abkühlen, bevor du sie aus der Form nimmst, und serviere sie mit einem Klecks warmer Beeren.

Tipp: Du kannst natürlich auch andere Beeren verwenden, wenn du magst!

ENERGIE	PROTEINE	KOHLENHYDRATE	FETT
135 kcal	4 g	20 g	3 g

11 Küchlein	20 min	Einfach	Glutenfrei

„Wir haben zwei Apfelbäume im Garten stehen. Beide sind eigentlich sehr ertragreich, allerdings schmecken die rohen Äpfel nicht besonders gut. Und so viel Apfelmus, wie man daraus machen könnte, können wir gar nicht essen. Also hatte meine Mutter eines Tages die Idee, einen Crumble daraus zu zaubern. Und wow, was soll ich sagen: Um 16 Uhr war er fertig gebacken und um 22 Uhr hatten wir alles aufgefuttert …"

Apple Crumble

Füllung:

750 g Äpfel
5 EL Agavendicksaft oder Zucker
Saft einer halben Zitrone
1 TL Zimt
1 EL Maisstärke

Streusel:

150 g Mehl
125 g weiche Margarine (oder Nussmus)
125 g Zucker
50 g Haferflocken
eine Prise Salz

Optional:

etwas veg. Vanille-„Eis"

Zubereitung:

1. Heiz den Ofen auf 180 Grad Ober-/Unterhitze vor. Schäl die Äpfel und schneide sie in ganz kleine Schnitze. Vermisch sie mit der Süße, der Maisstärke, dem Zimt und dem Zitronensaft.

2. Verknete jetzt alle Zutaten für die Streusel in einer Rührschüssel und verteile sie gleichmäßig auf den Äpfeln. Back den Crumble für 30–35 Min., bis die Streusel eine schöne goldbraune Farbe annehmen. Schon ist er fertig. Übrigens passt eine Kugel veganes Vanille-„Eis" perfekt dazu!

Tipp: Man kann auch kreativ werden und zum Beispiel Birnen statt Äpfeln verwenden. Experimentiere ruhig ein bisschen!

ENERGIE	PROTEINE	KOHLENHYDRATE	FETT
255 kcal	5 g	40 g	7 g

10 Portionen	45 min	Einfach

Index

Du hast noch eine Zucchini im Kühlschrank, die weg muss? Oder du weißt nicht mehr, welches leckere Rezept das noch mal war mit dem Sellerie? Hier findest du eine Übersicht über alle wichtigen Zutaten und darüber, in welchen Rezepten sie verwendet werden.

I/J

K/L

M

Danksagung

Ein Kochbuch zu veröffentlichen, war schon lange ein Traum von mir. Umso dankbarer bin ich all den Menschen, die mir dabei geholfen haben, diesen Traum zu verwirklichen (und die übrigens einen tollen Job gemacht haben).

Anfangen möchte ich bei meiner Familie, die es ausgehalten hat, wenn ich tagelang die Küche blockiert habe, um Rezepte zu testen, zu entwickeln und zu fotografieren, oder wenn ich mal einen kleinen Nervenzusammenbruch hatte, weil etwas nicht so wie geplant funktioniert hat.

Außerdem auch ein großes Danke dafür, dass ihr mir geholfen habt, alles aufzuessen – wobei ich denke, dass das der beste Teil für euch war ;-).

Ein besonderes Danke geht an meine Schwester und meine Oma, die meine größten Kritikerinnen sind, mir aber so gleichzeitig geholfen haben, meine Rezepte immer weiter zu verbessern. Auch meinem Bruder muss ich noch mal extra danken, weil er eine große Unterstützung beim Erstellen der Bilder war.

Natürlich bin ich auch dem ganzen Team, das hinter diesem Kochbuch steckt, unendlich dankbar. Jenny, Florian, Niklas, Rahel, Vicky und alle anderen, die mitgewirkt haben. Ohne euch wäre das so nicht möglich gewesen.

Zu guter Letzt danke ich auch jedem Einzelnen aus meiner Community für die tolle Unterstützung im vergangenen Jahr. Auch ihr habt es mir möglich gemacht, diesen Traum zu erfüllen, und ich hoffe, dass ich euch mit diesem Buch etwas zurückgeben kann!

NOTIZEN

NOTIZEN